SCIENCE

我与科学捉迷藏
QINGSHAONIAN AI KEXUE
李慕南　姜忠喆◎主编 〉〉〉〉

青少年爱科学

JUO YU KEXUE ZHUOMICANG

及科学知识，拓宽阅读视野，激发探索精神，培养科学热情。

发现身边的科学

U0661802

青松出版集团
北方妇女儿童出版社

图书在版编目(CIP)数据

发现身边的科学 / 李慕南,姜忠喆主编. —长春：
北方妇女儿童出版社,2012.5(2021.4重印)
(青少年爱科学. 我与科学捉迷藏)
ISBN 978 - 7 - 5385 - 6312 - 2

Ⅰ.①发… Ⅱ.①李… ②姜… Ⅲ.①科学知识 – 青
年读物②科学知识 – 少年读物 Ⅳ.①Z228.2

中国版本图书馆 CIP 数据核字(2012)第 061647 号

发现身边的科学

出 版 人	李文学
主　　编	李慕南　姜忠喆
责任编辑	赵　凯
装帧设计	王　萍
出版发行	北方妇女儿童出版社
地　　址	长春市人民大街 4646 号 邮编 130021
	电话 0431 – 85662027
印　　刷	北京海德伟业印务有限公司
开　　本	690mm × 960mm　1/16
印　　张	13
字　　数	198 千字
版　　次	2012 年 5 月第 1 版
印　　次	2021 年 4 月第 2 次印刷
书　　号	ISBN 978 - 7 - 5385 - 6312 - 2
定　　价	27.80 元

前　　言

　　科学是人类进步的第一推动力,而科学知识的普及则是实现这一推动力的必由之路。在新的时代,社会的进步、科技的发展、人们生活水平的不断提高,为我们青少年的科普教育提供了新的契机。抓住这个契机,大力普及科学知识,传播科学精神,提高青少年的科学素质,是我们全社会的重要课题。

　　一、丛书宗旨

　　普及科学知识,拓宽阅读视野,激发探索精神,培养科学热情。

　　科学教育,是提高青少年素质的重要因素,是现代教育的核心,这不仅能使青少年获得生活和未来所需的知识与技能,更重要的是能使青少年获得科学思想、科学精神、科学态度及科学方法的熏陶和培养。

　　科学教育,让广大青少年树立这样一个牢固的信念:科学总是在寻求、发现和了解世界的新现象,研究和掌握新规律,它是创造性的,它又是在不懈地追求真理,需要我们不断地努力奋斗。

　　在新的世纪,随着高科技领域新技术的不断发展,为我们的科普教育提供了一个广阔的天地。纵观人类文明史的发展,科学技术的每一次重大突破,都会引起生产力的深刻变革和人类社会的巨大进步。随着科学技术日益渗透于经济发展和社会生活的各个领域,成为推动现代社会发展的最活跃因素,并且成为现代社会进步的决定性力量。发达国家经济的增长点、现代化的战争、通讯传媒事业的日益发达,处处都体现出高科技的威力,同时也迅速地改变着人们的传统观念,使得人们对于科学知识充满了强烈渴求。

　　基于以上原因,我们组织编写了这套《青少年爱科学》。

　　《青少年爱科学》从不同视角,多侧面、多层次、全方位地介绍了科普各领域的基础知识,具有很强的系统性、知识性,能够启迪思考,增加知识和开阔视野,激发青少年读者关心世界和热爱科学,培养青少年的探索和创新精神,让青少年读者不仅能够看到科学研究的轨迹与前沿,更能激发青少年读者的科学热情。

　　二、本辑综述

　　《青少年爱科学》拟定分为多辑陆续分批推出,此为第四辑《我与科学捉迷藏》，以"动手科学，实践科学"为立足点，共分为 10 册，分别为：

1.《边玩游戏边学科学》
2.《亲自动手做实验》
3.《这些发明你也会》
4.《家庭科学实验室》
5.《发现身边的科学》
6.《365 天科学史》
7.《用距离丈量科学》
8.《知冷知热说科学》
9.《最重的和最轻的》
10.《数字中的科学》

三、本书简介

本册《发现身边的科学》探索科学，感悟生命，体会生活，咀嚼数字，解开你身边许许多多的未解之迷……精彩的图片，通俗的语言，深入浅出，将科学性和趣味性完美结合。中小学生对于世间万物总有着这样或那样的疑惑，但是又有多少大人能对孩子的这些疑惑做出正确的解答？高兴时随便给出一个不靠谱的答案，不高兴时甚至干脆置之不理。这本书可不是这样，它把中小学生最想弄清楚的问题给出了详细解答。读完这本书后，读者朋友不仅可学习到许多科学知识，还能掌握藏于其背后的科学常识，这对于培养青少年的探索钻研精神无疑会有莫大的帮助。

本套丛书将科学与知识结合起来，大到天文地理，小到生活琐事，都能告诉我们一个科学的道理，具有很强的可读性、启发性和知识性，是我们广大读者了解科技、增长知识、开阔视野、提高素质、激发探索和启迪智慧的良好科普读物，也是各级图书馆珍藏的最佳版本。

本丛书编纂出版，得到许多领导同志和前辈的关怀支持。同时，我们在编写过程中还程度不同地参阅吸收了有关方面提供的资料。在此，谨向所有关心和支持本书出版的领导、同志一并表示谢意。

由于时间短、经验少，本书在编写等方面可能有不足和错误，衷心希望各界读者批评指正。

本书编委会
2012 年 4 月

目　　录

一、人体奥秘

二、疾病防治

三、卫生保健

四、天文气象

五、动物世界

六、植物园地

七、交通运输

八、家用电器

九、日常用品

十、体育运动

十一、餐饮食品

十二、其他事物

一、人体奥秘

人体的组成

人体是由细胞组成的。我们的身体像楼房一样，也是由一块块"砖"组成的，这种"砖"就是细胞。这些细胞都有各自的分工，比如皮肤细胞组成皮肤；肌肉细胞组成肌肉；骨头细胞组成骨头；心、肺、肝、肠、胃等内脏细胞就组成心、肺、肝、肠、胃等内脏。它们组合在一起就形成了一个完整的人体。

人为何要呼吸

这是因为人活着需要吸入充足的氧气，呼出二氧化碳废气。而这只有通过呼吸才能实现。人呼吸就是吸入新鲜空气中的氧气，同时把体内血液里的二氧化碳废气随着呼气排出体外的过程。通过呼吸，我们才能保证提供给身体所需要的足够的氧气，才能活下来，才能完成各项活动。

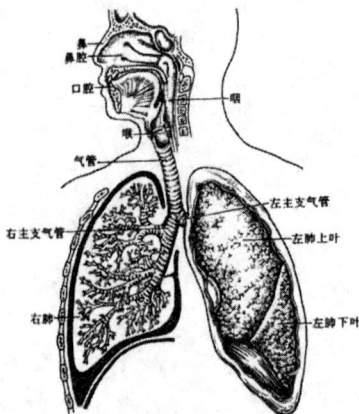

人为何能说话

人之所以能说话，必须具备四个要素：动力、发声、共振和构音。

动力：就是肺和胸腹，把气吹出来。

发声：就是喉腔中的声带，它是人说话的发声器。

共振：人的共振器官主要是喉腔、咽腔、口腔和鼻腔。

构音：人的构音器官包括腭、舌、齿、唇。它们协调闭、开、半闭、半开，才能发出许多声音。

我们正常的人，因为都具有这四个要素，所以能说话。

人为何要喝水

在一个人的身体里，水占体重的一半以上，所以水是人体的重要部分。它能帮助人调节体温，冷了吸收热量，热了蒸发散热。而在一个人的血液里，水占90％以上，它具有溶解力强、流动性大的特点，它带着血液沿着全身的大小动脉、毛细血管和静脉血管，给身体各部组织细胞输送氨基酸、葡萄糖、脂肪、无机盐、各种激素和酶素等营养物质。同时，通过肺的呼吸把二氧化碳排出体外，通过肾脏将侵入体内的毒素随尿排出。另外，人在有病发热时，多出汗，蒸发散热，水能冲洗病菌，降低体温，使身体恢复正常。所以，人需要喝水。

人为何要睡觉

原来，在人们的身体内，有一种刺激睡眠的物质，叫尿核甙。这种物质在人们精神抖擞地从事工作时，它便在"脑干"的视直下部悄悄地堆积，当积聚到一定程度时，人们便产生了睡觉的要求。睡眠是机体本能的需要，因此，必须合理地安排睡眠与生活。盲目地限制或增加睡眠时间，对机体都是不利的。

眼睛为什么能看见东西

这主要是由于眼球的作用。我们的眼球中间有一个圆圆的小孔，叫瞳孔。我们看东西时，光线就是通过这个小孔，落到眼球的晶状体上，经过折射，最后在眼球后面的视网膜上成像，由视神经把看到的东西传给大脑。这样，我们就看到东西了。

眼皮为什么有双有单

原来，一个人是单眼皮还是双眼皮是父母遗传基因的一种反映。父母遗传基因中有双眼皮的基因，子女就会是双眼皮，父母遗传基因中有单眼皮的基因，子女就会成为单眼皮了。

不怕冷的眼睛

人对冷、热、疼、痛等感觉，是由于皮肤上的感觉器传导的。人的眼睛暴露在外面的部分主要是角膜。角膜上没有接受冷刺激的感觉器，在眼球的巩膜上虽有较多的感觉器，但它大部分被覆盖在眼皮里，对冷的感觉不敏锐，所以眼睛不怕冷。

耳朵为什么能听到声音

人的耳朵由外耳、中耳和内耳三部分组成。物体振动使周围的空气产生振动波，这种波通过外耳道冲击鼓膜，使鼓膜发生振动，鼓膜的振动通过中耳的三块听骨传到内耳，使耳蜗的淋巴液振动，淋巴液的振动冲击听细胞，听细胞产生冲动，再通过听神经把冲动传到大脑的听神经中枢，这就使人听到声音了。由于各种物体振动产生的空气振动不同，冲击鼓膜时引起鼓膜以及内耳淋巴液的振动也就不同，因此，我们就能听出各种不同的声音。

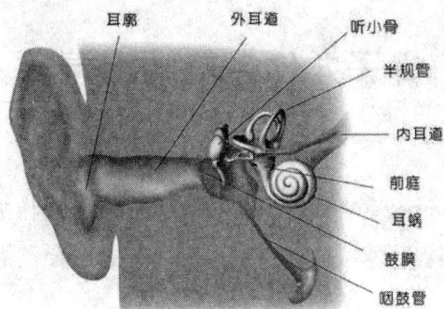

会发烧的耳朵

原来，在耳朵上有很多毛细血管，平时流过的血液很少，处于收缩状态，所以没有发烧的感觉。可是，当其温度改变或者神经受到某种刺激，毛细血管扩张，血流量加大，耳朵就有发烧的感觉。因此，认为耳朵发烧是有人在骂的说法纯属迷信。

能辨别出各种味道的舌头

因为舌头上长有很多小米样的乳头，乳头上又长着很多花蕾似的味觉器官，叫味蕾。味蕾里面有味细胞，每个味细胞里又长着像小毛爪的纤毛，纤毛的一头伸到舌头表面，另一头通过像电话线似的味神经和大脑相连。当溶解在唾液里的食物碰到味细胞的纤毛时，纤毛就把感觉到的味道经味神经传导给大脑，于是我们就知道是什么味道了。

鼻子为什么能闻出气味

这是因为在上鼻道和鼻腔顶上有一种专门感觉气味的嗅觉细胞，由神经连接大脑。气味进到鼻子刺激了它们，它们就把这个消息报告给大脑，于是人就闻出气味了。

大拇指为什么只有两节

因为人手的其他四指下端都有一根掌骨，对手指的活动起支持作用，而大拇指同其他四指一样，也有三节，只是它缺少掌骨。大拇指的第三节下移，融成了掌骨，因而只现出两节。从手的功能来看，如果大拇指只有一节，那么它就无法和其他四指配合，抓握物体。反之，如若大拇指也同其他手指一样有三节，那它就可能软弱无力，无法胜任手的复杂动作。

指甲下的小白斑

在正常情况下，半透明的手指甲，紧挨着指甲下面的肌肉生长。指甲下的肌肉里有很多的毛细血管，鲜红的血液使指甲呈现淡红色。可是，有的手指甲根部，因为指甲没和肌肉紧密地长在一起，便出现了小块的白色，所以这不是营养不良的表现。

指甲是怎样长出来的

指甲不是手指骨头的尖。指甲也和头发一样，都是自己长出来的。指甲像树一样也有根，指甲根里面有许多能够长成指甲的细胞，这种细胞是活的，而且长得特别快，它一个劲地长啊长，指甲就长成了。

头发为什么一个劲地长

头发之所以长得比人体其他毛发要长，与它的结构、生长状况和功能有密切的关系。头发是由毛小皮、皮层和髓质等三层结构组成的。它的生命力旺盛，寿命为 2～5 年，但其他毛发的结构形态就完全不同，没髓质，寿命也短，长不了多长，就会更换脱落。在人的生理需要上，头发还具有保护头皮和脑壳的作用，并有隔热、保温的性能。因此，头发长得就较长而粗。

白发为什么先白两鬓

科学家们认为，人到中年以后，头皮下的血管常常在颞部发生痉挛，这就使两鬓发根的毛乳头较其他部分供血不良，制造黑色素的功能发生障碍。因此，造成两鬓的头发先斑白了。

比头发长得快的胡子

胡子之所以比头发长得快，原因是：胡子的生长是靠睾丸分泌的雄性激素的刺激，这种机能越旺盛，胡子长得就越快，另外胡子生长在口唇周围，下巴和颊部，这些地方血管分布较头皮部丰富得多，供养的养分较多，而且活动也很频繁。因此，胡子也就比头发长得快。

人为什么能长高

人之所以能长高，特别是小朋友在生长发育时期，主要是人的长骨在不断生长。人体一共有 206 块骨头，有长、有短，其中最长的就是长骨。人在未成年时，长骨的两端有一层软骨，这种软骨有一个特点，它一边不停地长，一边不停地变硬骨化，使长骨慢慢地变长，于是，我们也就一点点地长高了。

人为什么有高有矮

人的身材之所以有高有矮，主要是由遗传、营养和体育锻炼等原因造成的。而遗传是主要的，如果父母的个子高，孩子的个子往往就高；父母的个子矮，孩子的个子往往就矮。但是，如果从小注意加强营养，积极参加体育锻炼，即使父母的个子比较矮，孩子也可能长得高些。

人为什么会变胖

这是由于人体内的腺苷三磷酸酶的特殊酵素的含量不足而引起的。这种酵素是专门调节人体细胞内钠和钾的替换的。钠和钾在交换过程中,一方面消耗热量,同时又放出热量,以保持体温的平衡。当人体内腺苷三磷酸酶的含量过低时,吃进去的一部分食物就没有热量消耗,而是转化成脂肪积存在体内,于是人体就慢慢地胖起来了。

人的性格各不同

人的性格差异与血液内含血清素和去甲肾上腺素的多少有关。如果人体内含的去甲肾上腺素多,而血清素较少的人,脾气就急躁;相反,体内含去甲肾上腺素较少,而血清素多的人,脾气就温和。据医学家测验,女子血液中血清素的含量比男子高,而去甲肾上腺素的含量比男子低,所以性格比男子温柔。

人在危急时力气特别大

　　人在危急时，人的大脑皮层会高度兴奋，促使运动神经指挥肌肉快速连续地收缩，从而增加了肌肉的力量。同时，交感神经也强烈兴奋，促使肾上腺素急剧分泌，进一步加强了血液循环和呼吸系统的功能，使血液中保持充足的能量和氧气，帮助肌肉做功。肾上腺素的分泌，还可反过来刺激大脑皮层，使大脑皮层的兴奋性进一步得到提高，肌肉收缩更快更强烈。因此，人在危急时，力气也就特别大了。

人受惊时身体会发凉

　　这是人身体的一种适应性反应。因为惊吓是很强的精神刺激。它能使人体内的交感神经紧急行动，从腹腔和皮肤调动一批血液，送往大脑、心脏和运动肌肉，保证这些器官的血液供应，来适应环境，对付可能出现的灾难。这时，就会感到心跳加快，脸色发白，全身发凉，那是皮肤的血液减少了的缘故。

阴雨前会关节痛

这是因为下雨前，气温下降，气压降低，空气潮湿，冷容易刺激皮肤感受器，再通过神经反射传至大脑中枢，而使皮肤、肌肉的小血管和立毛肌收缩，从而降低对疼痛的耐受力。同时，潮湿能使人体热量散发增快，使人感到寒冷。因此，关节炎病人就容易感到疼痛。

晕　车

在人耳朵内侧的内耳里，有一个平衡感受器，当体位变动时，这个感觉器受到刺激，便产生神经冲动传至大脑，再由大脑传至小脑，再由小脑传到头部、颈部和四肢的肌肉，进而调整平衡，使其适应由于震摇引起的体位变动。但是，有的人平衡感受器过于敏感，神经系统的反应比较剧烈。在受到较强的震荡、摇摆刺激后，就产生晕眩，交感神经或副交感神经兴奋，于是就会出现冒汗、恶心、呕吐、心动减缓、面色苍白等晕车（晕船）的症状。

触　电

从表面看来，人不是金属，不是水，但我们体内的血液、淋巴液等都含有大量的水，而且我们体内也含有金属离子，如钠、铁等，这些都能传导电流。当较强的电流通过人体时，会导致人体器官受到伤害，甚至死亡。所以人会触电。

人触电后为什么会有死亡的危险

人所以能活着，是全靠呼吸和血液循环。当人触电后，电流会刺激呼吸神经中枢，使它麻痹，从而失去指挥呼吸的能力。同时，电流对心脏的刺激会引起心脏颤动，失去正常的排血功能，使心脏停止跳动。因此，发生触电时，要迅速抢救，否则就有死亡的危险。

饭后疲劳

人在吃饭后，为了帮助消化，大脑的血液会流向胃部。由于血压降低，大脑供氧量也就随着减少，这就是造成饭后疲劳的原因。

人不弯腿为什么跳不起来

　　人要跳起来，脚必须对地面施加一个作用力，这时，地面就会对脚产生一个反作用力。我们借助这个反作用力，人也就能跳起来。而且脚的作用力愈大，地面的反作用力也愈大，也就能跳得愈高。人不弯腿，脚就产生不了对地面的作用力，当然，地面也不会对脚产生反作用力，所以人也就跳不起来了。

早晨读书记得牢

　　由于头一天的学习、劳动后，会引起人的中枢神经系统、特别是大脑的疲劳。而当人们经过一宿的休息后，消除了疲劳，恢复了精神和体力。这时，就能重新获得高度集中的注意力、良好的记忆力、思维能力，所以，这时学习印象就深，记得就牢。

CT 帮助医生看病

在长期的使用中，人们也发现了 X 光诊断技术的某些缺点，如它把人体器官和组织投影成平面图像，使得全部结构重叠，需要的及不需要的信息都叠合在一起显示出来，使有些需要的信息看不清楚。另外，密度比较小的人体组织的病变也不易显示出来。

为了克服 X 光诊断的缺点，科学家们作出了不懈的努力。1964 年，美国核物理学家柯马克，偶然闯入了医用 X 射线领域，他从体内 X 线减量考虑到体外 X 线减量，并提出了从许多不同角度用 X 射线测定内部结构的可能性，并用木头、金属制成的模型进行了实验研究。

1971 年，根据柯马克的设想，英国科学家豪斯菲尔德成功地设计出一种新型的诊病机，定名为"X 线电子计算机体层摄影机"。由于这个诊病机的英文全称过长，人们通常简称为 CT。

CT 机利用的仍是 X 射线的特性。当 X 线束从多个方面沿着身体某一选定好的部位进行多层次的照射时，X 线射入并穿过人体后，部分被吸收，然后为检测器接收，被接收到的射线强弱与人的组织密度有关。探测器获得信息后，要经过繁杂的计算，因为大约有 30 万 ~150 万组数据，用人力是无法计算的，因此只有靠电子计算机才能解决。电子计算机把多个经过处理的像素，转送给电视显示装置，就可在电脑荧光屏上显示出病变的画面，还可以自动拍摄出病变部位的照片。

CT 改变了传统的影像摄取和贮存方式，而且由于 CT 扫描显示的图像一般是横断面，所以没有普通 X 光成像中前后重叠的缺点。另外，由于有电子计算机的帮助，CT 对人体组织的密度分辨率很高，不仅可以区分骨骼、软组织、水、脂肪等密度差异较大的组织，而且对那些密度相差很小的组织，如对同属于软组织的肝、脾、胃等脏器都可加以区别。它的分辨度要比一般 X 光照片高 100 倍。

CT 特别受到医生欢迎的是，它根据密度的不同识别正常结构和异常病变组织的功能远远超过普通 X 光检查。所以，目前临床上常用 CT 诊断脑、五官、肺、肝、胆、胰、脾、肾、膀胱、子宫、卵巢、前列腺的疾病。

如胰腺是临床和 X 光诊断最难检查的器官，虽然有选择性动脉造影和光纤十二指肠内窥镜逆行胰胆管造影，对胰腺病变的诊断有一定的作用，但这些造影比较复杂，并非每例都能取得成功，而且对病人也会造成痛苦。CT 检查则能够直接看到胰腺的全貌。临床检查有时很难区分胰腺癌和慢性胰腺炎，而 CT 扫描就可以使有些病例得出准确诊断。目前，CT 扫描胰腺肿瘤的准确率已达 87%。

目前 CT 的临床应用主要在头部颅脑疾病，约占 CT 全部检查量的 75%，其他如腹、胸部检查占 25%。用 CT 来诊断肿瘤很有效，如 CT 对脑部肿瘤的诊断准确率高达 95%，对肾囊肿和肾肿瘤的鉴别诊断，其准确率更是达到了惊人的 100%。

做 CT 时，需要一张床台，让病人平躺；一套构台，这是像小隧道一样的仪器，内部装设 X 光发射器和探测器；另外还有一个 X 光发生器和一台电子计算机。这些设备都放在一个四周密闭的房间里，其中的一面墙上设有观察用的窗户，窗户的另一边坐着操作员，利用电脑操作扫描仪。每个扫描过的影像，可迅速显示在终端机的监视装置上。构造十分精细而复杂的 CT 电脑，不但能显示出某个特定角度上的断层面构造，也可以和由其他角度得来的影像合在一起，同时显示在终端机。病人在接受检查时不必脱去衣服，很是方便。

自从 1971 年 CT 机问世以来，它发展迅速，已历经 4 代，从每层扫描时间为 5 分钟，且只适合颅脑和眼眶检查的扫描机，现已发展到扫描时间仅为 2 秒~3 秒，又能做身上任何部位扫描检查的现代化设备。缩短扫描时间很有意义，因为这可以消除呼吸运动和人体其他生理活动如胃肠蠕动等的影响，而这种运动会导致出现杂影、重叠，造成诊断困难。

CT 的发明，是医学物理学自 X 射线发现以来最重大的进展，它使 X 光诊断技术有了革命性的飞跃。为此，它的发明者柯马克和豪斯菲尔德共同获得了 1979 年的诺贝尔医学或生理学奖。

B 超与它的兄弟们

我们知道，物体振动就会发出声音，鼓是敲击鼓面，鼓面振动而发声的；人说话唱歌是由于声带振动而发声的；蝉的鸣叫是腹部的发音膜因肌肉收缩引起振动而发声的。这些能引起听觉的振动波叫做声波。可以传播声波的物质叫做介质，空气、金属、水等都是声波的介质，人体也是声波的介质。声波在介质中传播时，遇到障碍物就会产生回声。

声波的频率在 20 赫兹～20000 赫兹之间，也就是每秒钟振动 20 次～20000 次。在这个频率范围的声音，我们人耳都能听得到。可是，如果物体的振动频率超过每秒 20000 次，我们人耳就听不见了。这种人耳听不见的声波就是超声波。

然而某些动物却能听见超声波，并且利用它来飞行和捕食，比如蝙蝠的嘴里能发出每秒 2 万赫兹～10 万赫兹的超声波，然后它再根据被物体反射回来的超声波回声，辨别出所接近的物体。蝙蝠就像一座极为精巧复杂的小型雷达，不仅能从回声判断出障碍物到底是无生命的物体还是生物，还能估计生物的大小、形状和运动方式，从而决定是避让还是捕食。

超声波与声波相比，具有更好的指向性，在传播中能量损失更小。因此人类很早就向蝙蝠学习，制成了声纳等仪器。声纳发出一系列复杂的超声波，然后根据所记录的目标反射的回声，就可判断出目标的距离、大小、速度等，这些特点，可用于跟踪潜艇、寻找沉船、发现鱼群等。超声波在工业上也得到应用，人们用超声波探伤仪来检查工件内部有没有裂纹和破损，那是我们用肉眼根本看不出来的。

然而能不能用超声波来检查人体呢，能不能把人体内的"裂纹"及"破损"也找出来呢？在这种想法的驱动下，本世纪 40 年代起，人们开始把工业上的超声波探伤技术应用到医学诊断上，制造了超声波诊断仪。

超声波进入人体后，遇到不同的组织器官，就会产生不同的回波。就是同一内脏器官，健康正常的组织和发生病变的组织，也会产生不同的回波。把这些回波通过电子技术调制，放大在示波器上显示出来，医生便可以根据波的高低和波的强弱程度来推算人体内组织和器官的变化。

50年代起，超声波诊断技术得到了广泛的普及和应用。它被有效地应用于颅脑、心脏、肝脏、胰脏等内脏器官疾病的探测，是临床医生的亲密朋友和助手。

70年代起，电子计算机日益成熟，开始被人们运用到超声波诊断仪上，使它发生了重大变革。以后，人们就把以前使用的在示波器上显示回波的称为A型超声诊断仪，而把新的利用电子计算机操作的在荧光屏上显示组织图像的称为B型超声诊断仪，简称为B超。

B超具有很高的技术性能，并且体积较小。高强度频率探头的使用，数字、波形与图像的相互转换，高分辨率的图像处理，仪器操作的程序控制以及自动检测功能的完备，使B超能快速准确地进行数字扫描信息处理，最终转换成影像。在荧光屏上可以清晰地显示人体内脏的大小和位置。医生根据这些图像，就能判断人体内的组织是否正常，得了什么病。

看看用B超诊断也是件很有意思的事。

你看，一位怀孕八九个月的妈妈想要看看肚子里的小宝宝生长得怎么样了。她躺到了检查床上，医生拿起探头放在妈妈的肚皮上不断地移动。嘿！在医生旁边的荧光显示屏上就清晰地显示出宝宝的头、四肢、心、肺、肝、胃等的图像。宝宝的发育是否正常，是否生病，在此即可一目了然，这下妈妈可以放心了。

今天，超声波诊断仪已发展为一个"家族"，B型超声波仪的兄弟除A型外，还有M型和D型。

M型超声波诊断仪应用于心脏检查，其曲线变化可显示主动脉、心脏瓣膜、心室间隔及心室壁等。目前已成为心脏疾患诊断的重要工具。

D型超声波诊断仪是在1982年研制成功的，又称多普勒超声波仪。由于头盖骨能吸收X射线，又能反射和散射一般超声波，所以用X光机和一般的超声波仪都无法有效探测大脑，而用多普勒超声波仪就可解决问题。因为它发生的超声波是脉冲低频超声波，能穿过头盖骨到达脑血管。

当一列速度很快的火车拉着汽笛从我们身边开过去时，我们会发现所听到的汽笛声调发生着显著的变化。在火车开近的时候音调变高，开过去离开时音调却变低。这个现象被奥地利物理学家多普勒注意到了，并解释为：由于波源与接收器之间的相对运动，使接受器收到的频率与波源发出的不一样。这就是多普勒效应。

人们只要利用多普勒效应，把血流在血管里频率移动变化的信号采集起来，转换成频谱进行动态分辨，就可以判断出大脑血管里血流是否正常，血管有否病变。由于它在诊断时对大脑没有伤害，检查操作又很简便，因此目前已在神经科、脑外科及临床各科得到广泛应用。

多普勒超声波仪显示的图像颜色分明，很好看，因此又有"彩超"之称。

我国近年来较多使用多普勒超声波仪检测孕妇肚中胎儿，它能有效地预报胎儿体内氧气和血液的情况，使许多胎儿不仅能免于窒息死亡，还可消除他们多种后遗症。为此，它被医生们称为是胎儿的"守护神"。

核磁共振成像术的应用

1946 年，美国哈佛大学的伯塞尔和斯坦福大学的布洛克两名教授分别发现了"核磁共振"的现象，并为此在 1952 年获得了诺贝尔物理学奖。

这个物理现象一经发现，立即受到高度重视，在一些领域里马上得到应用。1972 年，就有一些医生提出了利用核磁共振的原理做医疗诊断的设想。经过大约 10 年的研究和实验，此项技术日臻成熟，终于，在 80 年代，科学家将核磁共振原理同空间编码技术、数学变换和电影电视影像技术结合，发明了一种崭新的扫描技术——核磁共振成像术（简称 MRI）。

MRI 是一种比 X 射线成像更为优越的技术。它不需要通过放射线照射和扫描来形成影像，对人体更安全，可以说是彻底的无损伤检查。它的工作原理颇复杂，让我们简略介绍一下吧。

我们知道，世上万物均由原子组成，原子又是由原子核和围着原子核旋转的电子组成，原子核则是由带正电荷的质子和不带电荷的中子组成。许多原子核的运动类似"自旋体"，不停地以一定的频率自旋，如能设法让它进入一个恒定的磁场的话，它就会沿着这磁场方向回旋。这时如用特定的射频电磁波去照射这些含有原子核的物体，物体就会吸收电磁波的能量，发生"共振"；当射频电磁波撤掉后，吸收了能量的原子核又会把这部分能量以电磁波的形式释放出来，即发射所谓"核磁共振"信号。

这种核磁共振信号携带着物质内部结构的大量信息。对这些信号进行测量和分析，可以进一步获得此物质的物理和化学信息，比如密度、分布特点及组织的成分等。也就是说，可以通过核磁共振现象来了解物体内部的情况。

在人体中有着大量的水，有着许许多多氢原子，MRI 就是利用人体中的氢原子，在强磁场内受到脉冲的激发后，所产生的核磁共振现象。在共振过程中，不同的组织器官的共振信号强度不同，恢复到激发前的平衡状态所需的时间也不同，这些信息经过电子计算机的处理后形成不同的图像。这种图像很清楚，不仅可以提供人体清晰的解剖细节，而且还能提供组织器官和病灶细胞内外的物理、化学、生物和生物化学等方面的诊断信息，便于医生据此作出诊断。

在做 MRI 检查时，病人要拿掉身上各种带金属的物件，平躺在检查床上，然后被徐徐送入诊室，程序十分简便。它不必使用任何造影剂，即可显示出血管等微细结构。它还可以从任何方向做切层检查，且成像有高度灵活性，分辨率高，仅在短短的一二秒钟内即可成像。

MRI 不但能够像 CT 一样提供受检部位解剖信息的图像，还可以为我们提供有关组织生理生化信息的专门图像，比 CT 更灵敏地分辨出正常或异常的组织，为我们清楚地显示出病变的部位、范围，常可在病变处器官的形状、功能还未出现明显改变之前，就向人们发出警告。所以它在对肿瘤的早期检测及鉴别肿瘤的性质上有特别大的帮助。

MRI 除了可以显示任何方向截面解剖部位的病变外，还可以透过骨骼的屏障，获得令人满意的断层图像，所以在临床应用中，MRI 某些方面的功效明显优于 CT。可以说，MRI 是一种比 CT 用途更广泛的新型检查仪器。

1995 年 2 月，一个即将被执行死刑的美国犯人，为表示他对自己罪行的追悔和对世人的歉意，表示愿将遗体献给科学机构作研究之用。科学家在犯人被处决之前先用 MRI 对他的身体进行成像扫描，获得许多图像资料。在处决后又将他的遗体冷冻后从头到脚切成 2700 片不及 1 毫米厚的薄片，再一一照相。科学家对这些相片与 MRI 获得的断层图像作比较，从中获取所需要的信息。这 2700 张断面照片现已由德国慕尼黑的一家电子企业加工成光盘，它是世界上第一张详细记录人体内部结构图像的光盘。它的问世，不仅可为医学院提供史无前例的详尽的人体解剖资料，对人们如何进一步用好、改进包括 MRI 在内的新型医疗检查仪器，也会有很大的作用。

心和脑电图

在中美洲和南美洲的一些河流中，生长着一种电鳗，体长有 2 米多，重量可达 20 千克。它有着特别的发电器官，由许多电极组成，分布在尾部两侧的肌肉中。这些发电器官是它猎食和防御的有力武器，因为它放电的电压最高竟达 550 伏特。这样高的电压足以击毙各种猎物和驱逐敌害，甚至还可危及人的安全。

具有发电能力的动物还有一些，可有些由于它的能力较小而不为人所注目。如南美有些电鳗放电的电压微弱到 300 毫伏；更有分布在非洲淡水河中的裸臀鱼，它放的电仅 30 毫伏，这样的区区微电是无法被人感受到的。

说来你可能不信，我们人体也能发电，而且由于人的体量大，总发电能力是要大大超过裸臀鱼的。现代科学已证实，人体的许多细胞，不论是神经细胞、肌肉细胞还是腺细胞都能发电。据研究，肌肉细胞在安静时，细胞的内外之间就存在着大约 90 毫伏的电位差，细胞活动时能产生 120 毫伏的电位变化。这些肌肉细胞活动时的电流变化，可用灵敏的仪器将它记录下来，就成了肌电图。

人的心脏虽然只有约一个拳头大小，重 300 克左右，但在人体中起的作用却非常大，它对于人的生命的重要性远远超过它的大小和重量。人们当然非常需要了解自己的心脏在如何工作，正常不正常，有没有致命的病患。

怎样才能快速、简便、准确地了解心脏的情况呢？有人想到了人体内部的生物电变化。心房和心室不停地进行着有秩序的、协调的、收缩和舒张的交替活动，在每个心动周期中，心脏的各部分依次兴奋。因此，它的生物电的变化在方向、传导途径、次序和持续时间等方面都有一定的规律。由于人体是一个导电体，可以将这种内部的微弱而复杂的生物电变化由心脏传导到体表，使不同部位产生不同的电位变化。因此，有人想到可以设法捕捉这种微细的电变化，获得心脏工作的信息。

20世纪初，荷兰生理学家爱因托文发明了弦线式心电图机，它使医疗器械的发展进入了一个新时期。后来，他又提出心电图产生的原理，称为"爱氏定理"。为此，他在1924年获得诺贝尔医学或生理学奖。随着科学技术的发展，现代的心电图机已经用计算机控制，这样，它在使用的便利及测试的准确灵敏等方面，自然就远胜爱因托文的机器了。

心电图机能把心脏的生物电变化，从人体表面一些特定部位引导出来加以放大，并以曲线形式记录下来，这就是通常所称的心电图。正常的心电图是一组有规律的波形曲线，每个波都有一定的高度和宽度、形状。当患者心律紊乱、心肌梗塞、心肌炎、心包炎或心脏受某些药物影响时，心电图都会出现改变。医生根据心电图的提示，结合临床情况，可迅速查明心脏病变的部位、性质、程度等。

在做心电图检查时，各电极安放在四肢和胸部一些部位的表面。为了全面了解心脏生物电的变化情况，常分许多种导联。导联就是把两个电极放在人体表面两个不同部位，并将两极的导线与心电图机相连，构成一个电路，电极位置不同就构成不同的导联。每种导联反映的是一个特定方位下心脏生物电的图像。综合这些图像，就可以得出全面的信息。

如同心电图可以测定、记录心脏的生物电活动一样，我们大脑神经细胞的生物电活动，也可以通过安放在头皮上的电极用脑电图仪测定并用曲线记录下来，这就是脑电图。

医学上，脑电图一般用于诊断神经和精神疾病，比如脑子里生了肿瘤、癫痫病等。因为人在生病的时候脑电流的活动会出现异常，测得的脑电图与健康时的脑电图不一样。有时，脑电图检查还能预测某种疾病的发作。有一对孪生姐妹，姐姐得了癫痫，妹妹没有得病，很正常。可是，她俩的脑电图却基本一致，医生提醒家属要注意妹妹得癫痫。几年后，妹妹果然患了和姐姐同样的疾病。

现在，脑电图的应用非常广泛。妇产科专家利用它来研究孕妇和胎儿的脑电波变化；军事医学家用它来帮助挑选飞行员；司法学家用它来测定某些特殊病人的心理状态；有的科学家用它来研究中国气功。有的国家还制成了可以不接触头皮就能监测飞机驾驶员脑电图的仪器，用来观察他的思维活动，当发现驾驶员不清醒时，就可以及时采取措施，防止事故发生。

神奇的医用内窥镜

1998 年 11 月底，15 岁的初三学生周琦上完晚补习课后回家。她坐在公共汽车上，口含着圆珠笔，专心致志地思考老师布置的题目。不料，公共汽车一个紧急刹车，姑娘竟将笔套"吞"进气管里去了！这下麻烦大了，姑娘咳嗽、胸闷，呼吸也越来越困难。

"必须立即施行手术！"上海市肺科医院的医生果断作出决定。不久，手术结束了，医生将已嵌入周琦右下叶肺基底的圆珠笔笔套取了出来。不过，医生在这复杂的手术中并没有使用手术刀，而是巧用气管镜，并运用娴熟的操作手法将异物从周琦的肺里"钳"出来的。

气管镜是现代高科技产物——医用内窥镜中的一种。内窥镜是一种可插入体内的微型小镜子，它可以帮助大夫从人体外直接观察到人体内脏器官里的情况。

医用内窥镜的发展已有 100 多年的历史了。1877 年，英国的尼兹医生发明了宫腔镜，以后人们又发明了膀胱镜、鼻咽镜、气管镜、腹腔镜等。不过，内窥镜真正在医学上得到普遍使用，是在 20 世纪 50 年代内窥镜发生了革命性变化之后。

内窥镜的"革命"是由光纤——光导纤维的发明所引发的。光纤的发明显然受了 1870 年一个著名实验的影响。那一年，英国物理学家丁达尔在皇家学会演讲厅做了一个实验：他在一个桶里放满水，在桶的上方用灯泡照亮桶中的水，然后，他让桶里的水从桶侧壁下部的一个小孔流出来，此时人们看见，从小孔里流出的弯曲的水流是一条亮柱——光线会跟着水流弯曲传播。为什么光在这里不作直线传播了？原来，这是光的全反射现象，丁达尔解释：光在沿直线传播时，遇到有东西阻挡，就会被反射回来，以上现象是光线在弯曲的水流中作了许多次全反射的结果。

20 世纪 50 年代，科学家们用截面直径只有头发几分之一的极细的玻璃纤维制成的光导纤维，就是利用了光的这种全反射现象来传递各种光信号的。医学家很快就将它应用到医学上，1957年，美国制成了第一台光纤十二指肠镜，以后各种光纤内窥镜纷纷面世。这类光纤内窥镜与先前使用的用橡胶与金属材料制作成的医用内窥镜相比，有两大优点：一是管子细，又很柔韧，可以任意弯曲扭动；二是光纤能导光，这样不仅可以采用外部冷光源进行照明，还能够获得十分清晰、色彩逼真的图像，诊断的准确率也就提高了。

各类内窥镜的基本构造都差不多，一般由一根细的软性长金属管和探头组成。

叫做镜管的软性长金属管可以通过口腔等部位进入人体内，镜管内有光纤束，一端接一个光源，光由光纤传递到内窥镜的另一端，产生亮光，照亮人体内脏器官内部。反过来光纤又可把图像从体内传到体外，所以这种光纤束也叫做传像束。

内窥镜的探头内径约11毫米~13毫米，可这样小的东西里，竟然装有照明灯、导轨、超微型摄像头等。医生通过操作器，可使探头像蛇头一样活动、弯曲，到达要观察的部位，把观察到的情况通过传像束传送到电视监视器成为图像，再由电子计算机处理，医生就可以发现这些器官的毛病了。

内窥镜的镜管内还有一个特殊孔道，通过孔道可以安装微型手术刀，这样医生就可在不剖腹的情况下，直接在器官内部为病人做手术。孔道内还可以安装一根细长的夹钳，便于医生在病人器官里夹取少量的活体组织进行病理切片检查。有的专用器械还可把胃、食道、气管、肺等器官中的异物取出，就像前面讲的从周琦肺中取出圆珠笔套那样。

吞下一条长管子来检查内脏病变，听起来好像挺吓人，实际上，这只会有一点点不舒服感而已。为使病人放松，以便管子的插入，有时会让病人服用少量镇静剂，或者在喉部喷上一些麻醉剂。管子放入时，可先让病人侧卧并伸长脖子，头部向前，这样，就方便医生将探头伸入病人喉部，使病人吞下了。操作者再经目镜观测，将光纤慢慢地引导入食道、胃或小肠等处。

令人难以想象的是，内窥镜还可以伸到脊髓中去，脊髓分布于脊椎骨内，从大脑延髓一直延续到臀部的骶髓。作为中枢神经的重要一环，它控制着运动和感觉神经。1996年，日本新潟大学的下地恒毅教授研制了内径仅0.5毫米的微型脊髓内窥镜，它能在脊髓被膜——硬膜外腔和蛛网膜下腔的空隙间自由行进，而无损于脆软的神经。

　　内窥镜检查治疗人体内部脏器的情况，都可以通过电视录像记录下来，进行重放。这对医学研究和教学都具有非常重要的意义。在医科大学的课堂上，老师播放着由内窥镜拍摄下来的录像，对着图像可以向学生们详细讲解：食管、胃、十二指肠健康正常时是什么样，早期病变有哪些变化特征，应怎样通过内窥镜施行手术……

　　医用内窥镜目前品种有好多，除了有胃镜、食道镜、十二指肠镜、小肠镜、大肠镜等消化道系统的外，还有前面述及的气管镜、脊髓镜和子宫镜等，心脏镜和肾盂镜等也已投入了使用。它们已经成为现代医学一类不可缺少的仪器了。

二、疾病防治

红十字的来历

　　1859 年，在法国和奥地利的战争中，有个瑞士人叫杜农，他看到伤病员和战俘，在残酷的战争中因为没有人救护而遭受很大痛苦的情况，就向世界各国呼吁：对伤员和战俘要进行人道主义的及时救护和帮助。过了五年，在瑞士日内瓦召开的国际会议上，研究了杜农的呼吁，确定了对伤员和战俘进行救死扶伤的问题。因为杜农是瑞士人，而瑞士国旗是红底白十字。为了纪念最先发出呼吁的杜农，会议决定，把瑞士国旗上的两种颜色倒过来。改为白底红十字，从此，红十字就作为世界各国的医疗、救护的标志。

人为什么会生病

　　人生病的原因很多。比如：不讲究卫生，饭前便后不洗手，就用手拿东西吃，带进了细菌，吃了苍蝇落过的食物，就会拉肚子，或发生各种传染病；身体着了凉，或与感冒病人接触，会得感冒；体弱抵抗力下降，暴饮暴食等，都会生病。

春天容易生病

春天，人之所以容易生病，原因在于春天是细菌生长繁殖的季节，人在冬天里，身体对寒冷习惯了。春天，天气转暖，人还没有适应。同时，冬天蔬菜较少，人体缺乏营养。所以，当细菌一旦侵入人体，因人体缺乏抵抗力，就容易生病了。

冬春季节易得呼吸道传染病

冬春所以容易得呼吸道传染病，主要原因是：

1. 在冬春季节，由于天气寒冷，呼吸道表面粘膜受冷空气的刺激，而降低了它的功能，空气中的病菌、病毒就容易从呼吸道侵入。

2. 冬春季节气候变化异常，特别是秋末初冬，冬去春来的季节里，气温变化很大，早、中、晚的气温都不一样；室内室外的温差也有明显的差异。因此，人们一不当心，就会受凉，受了凉，身体的抵抗力就降低，病菌、病毒也就容易侵入人体。

3. 冬春季节，人们的室外运动相对减少了，室内生活的时间增多。为了保暖，开窗通风相应减少，病菌、病毒容易生成、繁殖、播散。特别是门窗紧闭，人多拥挤的场所，在空气不能流通的情况下，健康的人吸入带有病菌、病毒的飞沫，受感染的机会就更多。

夏天容易拉肚子

这是因为夏天天热，适合细菌生长繁殖，蚊蝇也多。蚊子叮人，苍蝇到处乱飞，把细菌带到食物上。人们吃了带菌的食物，不干净的瓜果梨桃，或者喝了生水，再有晚上不盖被，肚子着了凉等，都会引起拉肚子。所以，夏天要特别讲究卫生，注意肚子不要着凉。

热天会中暑

人的身体每时每刻都在产生热，而人身体是不能积存更多热的，得随时通过皮肤散发出去。大热天，由于温度太高，这时，如果人体的体温调节中枢失去调节作用，体内的热不容易散发，越积越多，超过人的正常体温37℃，人就会感到头痛、恶心，甚至昏倒，发生中暑。

发现有人中暑，千万不要慌张，应把病人抬到阴凉或通风透气的地方，解开衣服，让他散热，如果病人已经昏迷不醒，应当迅速送医院找大夫治疗。

人生病时会发烧

人生病时之所以发烧，是由细菌和病毒进入人身体后引起的。这时，身体里的白血球就会起来与细菌和病毒斗争，在双方搏斗时，就会刺激体温，调节中枢神经而引起发烧。而当细菌和病毒被白血球消灭后，再加上吃药治疗，烧就会退了，病也就好了。

发烧时小便会变黄

因为人体发烧时，会全身温度增高，过高的温度向体外散发，就会带走不少水分，如果发烧时大量出汗，那么，身体内被蒸发的水分就更多了。另外，发烧是机体的防御力量与疾病斗争的反应，身体内的能量消耗增多，体内液体消耗也多，水分就显得缺少。因此，发热时的小便量也就减少，但尿中的尿色素含量并没有减少。相比之下，是增高了，所以，发烧时的小便颜色就会变得黄了。

生病时要多喝水

人在生病时，身体内的热度比较高，特别是发烧的病人，皮肤表面的水分散发得比较快，造成体内缺水，需要补充；多喝水可以增加尿量，使小便次数增多，把有些毒素随尿排出，有利减轻毒素对身体的危害，病体早日康复；另外，病人吃退烧药后，会多出汗，这也需要多喝水，以补充体内水分的不足。

感冒为什么会打喷嚏

因为感冒是由病菌侵入人体后引起的。但感冒病菌之所以能侵入人体，是因为人体着了凉，缺乏抵抗力。而感冒打喷嚏，是因为病菌粘在鼻腔的粘膜上，为了保护身体健康，把病菌赶出鼻子里，所以就打喷嚏了。

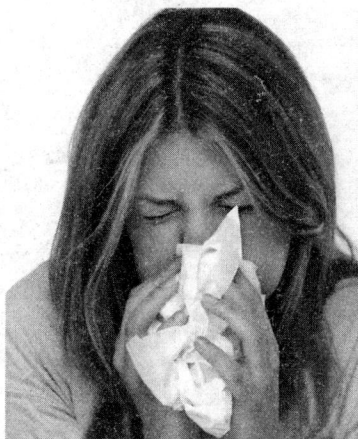

感冒了鼻子为什么不通气

感冒鼻子不通气是鼻腔粘膜肿胀，把通气的路子堵住了。鼻孔里的鼻粘膜里有许多细小的血管，这些血管的伸缩性很大，对寒冷的刺激特别敏感，人一着凉，大脑就通过神经给鼻子一个信号，使血管扩张，血管一扩张，血液里的水分就很容易渗出来，使鼻粘膜红肿起来。于是，鼻中膈、鼻甲和鼻腔的四壁都向外膨胀，这就把弯曲的通道给堵住，鼻子也就不通气了。

感冒不是小事

感冒不及时治好，人体的抵抗力就会降低，别的病菌就会乘虚而入，引起其他更为严重的疾病，如肺炎、支气管炎、中耳炎等。还能加重一些慢性病的病情。所以感冒不是小事，不要小看了，应及时请医生治疗。

血压低不是贫血

贫血与血压低是两码事。贫血，是指血液中的红血球数或者血红蛋白的量比正常人要低；低血压，是指血液对动脉管壁所产生的压力过低。所以，血压低并不是贫血。

疾病日轻夜重

人体血液中含有一种肾上腺皮质激素的物质。它具有抵抗疾病发作的能力，而血液中肾上腺皮质激素的含量日夜不一。在每天上午 8 时达到最高值，以后则逐渐降低，直到深夜 12 时至清晨 4 时这一段时间达到最低值。此时，人体的各种防卫功能下降，从 4 时开始又直线上升。因此，机体在上午、中午处于对付疾病的最佳状态，这时疾病症状减轻，而下午及夜间则相反。所以疾病就出现日轻夜重的现象。

打预防针为什么能预防疾病

我们有的小朋友所以患传染病，就是身体缺乏抵抗能力，病菌跑进了身体里。打预防针就是把能激活抗体的疫苗注射到体内，使身体产生有抵抗病菌的能力，也就是免疫力，把进入体内的病菌杀死。这样，人就不容易生病了。

病人为什么要量体温

量体温是医生诊断病情的一个重要依据。因为正常人的体温是在 36.5℃左右。如果超过这个温度，可能是有感染存在，病人就发烧，医生就要进一步检查，找出病因，进行治疗。

病人为什么要验血

我们的血液里，有两种细胞：红细胞和白细胞，验血是为了检查病人血液中红细胞和白细胞的数量，根据数量上的增多、减少或形态变化，可以帮助医生诊断出疾病情况，确定治疗方案。

验血要在空腹时采血

验血是为了测定人体血液里葡萄糖、蛋白质、脂类的含量，再根据这几种成分含量分析，来确定患者病情。而血液中的这些营养成分易受饮食影响。饭后，葡萄糖、蛋白质、脂类在血液中浓度上升，大量喝水又可使血液稀释。因此，在这段时间内采血检验，测定出的数据都是不准确的。早晨空腹，血液中含葡萄糖、蛋白质、脂类及血液浓度都较为真实，采血后测定出的数据，也较准确，有利于医生诊断。因此，验血要在早晨空腹时采血。

跌打损伤后不要乱揉

跌打损伤后，患处深部正在渗血，不适当地揉搓会增加出血量，使患部高肿起来，对于损伤严重并伴有骨折的患者，会导致骨折端刺伤深部的血管神经元组织，重者会使患者休克。所以，跌打损伤后不要随便乱揉。

脚上为什么长鸡眼

脚上长鸡眼，主要原因是穿的鞋紧了。脚趾上的皮比较薄，如果穿的鞋太紧或鞋帮和鞋底硬一些，经常受摩擦，就会一天天变厚，皮长厚了，起了疙瘩，疙瘩向外伸展不开，就一个劲往里钻，结果长成一个肉钉子，扎到皮肤里去了，如果穿的鞋底不平，脚底长期受摩擦，也会长出鸡眼来。因此，千万不要穿太紧、鞋帮太窄和底不平的鞋。

"偷针眼"

在我们眼皮里，长着一些脸板腺，它们像一把把小油壶，壶嘴开口在眼皮的边缘，不断地往外渗油，随着眼皮的眨动，把油均匀地抹在眼边和眼睫毛上，使泪腺分泌的少量泪水不会流到眼睛外角来。有时，我们用手擦擦眼睛，常常会把病菌带到眼边上，病菌钻进脸板腺，在那里为非作歹，就会长出一个小疖子来，这就是"偷针眼"。所以，我们不要用手或不清洁的手帕揉抹眼睛。

生了病要避风

人得了病后，体温升高了，最好能出点汗，把体内多余的热散发掉一些。如果出汗时一吹风，汗水蒸发得太快，皮肤的温度马上降低，就会立即停止出汗，使体内多余的热不能继续发散，病情就会加重。所以生病要避风。

注射青霉素要做过敏试验

青霉素是一种有毒的药品。有的人不能注射，注射后会发生青霉素过敏，发生心慌、气喘、头昏、身上起小疙瘩或水泡、呼吸困难、血压下降、昏迷、抽风，甚至死亡。所以要做皮肤过敏试验。如果皮肤表面没有红肿硬块，说明不过敏，可以注射青霉素。反之，过敏，不能注射。

注射青霉素后不要马上离开医院

青霉素有过敏反应，这种过敏反应常常表现为速发型过敏性休克，常可危及生命。过敏反应最快的在用药后马上发生，较迟的为 25 分钟，大多数在 10 分钟左右，少数病人在连续用药的过程中会出现过敏性休克。因此，注射青霉素后应在医院里留 10 分钟左右再走为好。

抗菌素不能滥用

抗菌素，是对细菌有对抗和抑制作用的药物。但疾病有各种各样，有的是细菌引起的，有的是受外伤引起的，有的是机体生理功能引起的，有的是组织器官发生了肿瘤引起的，顾名思义，抗菌素只能对细菌引起的疾病起治疗作用，对其他原因引起的疾病就不起作用了，因此滥用抗菌素，不仅是药不对症，造成浪费，而且还会增加病人的痛苦，甚至对人体产生有害的影响。

红药水和碘酒不能混用

因为红药水里含有汞，碘酒里有碘，这两种药物碰到一起，会生成剧毒的碘化汞。它能溶解在血液里，进入人体后，使人牙床肿胀，严重的会使心脏逐渐衰退，体温下降，产生全身中毒。

要按规定服药

服药是为了消灭病菌。如果有的药服的量少了，就杀不死病菌，而且还会增加它的抗药性；有的药有毒性，多服了对身体不好，少服了起不到杀菌的作用。

服药按规定一天几次或每隔几小时服一次，每次服多少，这样就能在你体内一直保持有药的浓度，使病菌无力反抗，不断歼灭、抑制新的病菌生长。有的药是为了帮助消化，就要在饭后吃；有的药是为了要身体迅速吸收，就需要在饭前吃。否则就起不到药物的作用。如此等等，所以服药用量、次数、时间一定要按医生的规定去做。

茶水服药为什么不好

茶叶里含有一种鞣质，也叫单宁酸。它能和金属化合，产生鞣酸盐，这种化合物不溶于水。而很多药物里含有铅。如果用茶水服，药里含的铁、铅及其他金属，就和鞣质结合，变成鞣酸铁、鞣酸铅等。这些化合物不容易被人吸收，并且能使药性发生变化，不能发挥治病的作用。另外，茶叶里的鞣酸质和生物碱化合会产生沉淀。如麻黄素、黄连素，用茶水服用，药里的生物碱和茶里的鞣质化合沉淀下来，也不能起到治病的作用。所以不能用茶水服药。

三、卫生保健

洗澡的好处

洗澡可以清洁皮肤，维护皮肤健康。另外，洗澡可以促进血液循环和身体里的新陈代谢活动。有人计算，每洗一次澡，可以从皮肤上清除两千万到十亿个各种各样的细菌，而且洗澡后，残留的少量细菌，也会在干净的皮肤上很快死亡。洗澡时，由于要擦洗全身皮肤，这样，就能促进皮肤的血液循环，增加皮肤的抵抗能力。

洗澡水不宜太热

据科学家实验证明：用37℃的水温时，皮肤和肌肉的二氧化碳含量与洗澡前相比，变化很少，血压和脉搏则没有任何变化。用比体温高的40℃水时，氧的含量增加约60%，二氧化碳含量增加约50%，血压稍有下降，脉搏增加约30%。用比体温高的43℃水时，氧含量增加约56%，二氧化碳含量增加约65%，血压上升，脉搏显著加快，并且有时紊乱，在一定限度内二氧化碳的增加是有促进新陈代谢作用的，如果增加60%以上，反而引起疲劳。

这充分说明：用37℃的水洗澡对身体基本没有什么影响。用43℃的水洗澡就会影响健康，用40℃的水洗澡可以改善血液循环，促进新陈代谢，有降低血压及消除疲劳的良好效果。所以用40℃的水洗澡最好。

洗热水澡为什么也凉快

凉水洗澡，虽然皮肤凉了，但由于皮肤受刺激后，毛孔就会紧闭，毛细血管也处于收缩状态，体内的热量散不出去。相反，用热水洗澡，皮肤表面虽然热了一些，但毛孔却迅速张开，毛细血管扩张，体内的热量散发出去，所以热水洗澡比凉水洗澡要凉快。另外，热水能溶解皮肤上的油脂，所以洗热水澡后，身上感到十分清爽舒服。

洗澡浸泡时间不宜太长

人的体温恒定在37℃左右。热了，皮肤下的毛细血管会扩张，皮肤表面会出汗以降低体温。但在热水浴时，温度过高，浸泡时间过长，汗就会从皮肤排出去，体内的热量就越来越大，机体为了排热，就会进一步扩张毛细血管，这样就有更多的血进入毛细血管，输到大脑中的血液就会减少，心脏就会跳得更快，以补充血液。这对有心脑血管病的人来说，长时间浸在水中危险更大。另外，据研究，过度的体内热量对肝和肾也会产生有害的影响。所以洗澡浸泡时间不要太长。

洗淋浴的好处

喷水的莲蓬头是一个很好的阴离子发生器，当莲蓬头喷射细水流时，会在空气中产生大量的阴离子。据测定，浴室内的电场强度可达每米八百伏。阴离子是一种特殊的"维生素"，它可以促进人体的细胞新陈代谢，有利于机体的生长和发育，并能协调排除废物，提高人体的免疫力。还有降压、镇咳、消除疲劳的作用。另外，淋浴的细水，喷射到身上，能起到按摩皮肤、舒筋活血的作用。因此，洗淋浴好。

劳动后不要马上洗冷水澡

在紧张体力劳动后，人体皮肤表面的毛细血管就自动扩张，汗孔开放。这时洗冷水澡，全身抵抗力会明显下降，给病毒及致病细菌以可乘之机，引起关节炎或其他疾病。另外，突然进入温度较低的水中，容易发生肌肉痉挛性收缩，如果是游泳，则可能造成溺水事故。所以劳动以后，不能马上洗冷水澡。

冷水洗脚有坏处

因为人的双脚远离心脏，是血管分布的末梢，皮下脂肪少，保温能力差，皮温最低。如果冷水洗脚，就会因反射引起人体一系列复杂反应，降低身体的抵抗力。特别是炎热的夏天，脚容易出汗，如突然用冷水冲洗，会使毛孔立刻闭塞。另外，由于受冷，脚部血管突然收缩，时间长了，会使血管舒筋功能失调，甚至诱发肢端动脉痉挛和关节炎。

冷水洗脸的好处

冬天常用冷水洗脸可以保护手、脸面皮肤，使手、脸面有较强的抗寒能力。这是因为脸上皮肤被冷水一激，皮下的小血管就会收缩，如果这时再用手把脸揉动揉动，这些小血管又会扩张，使血流加快，这样就等于给皮肤增加了营养。经常这样做，可以使皮肤变得更加健康。

但脸上生湿疹、脓疮一类皮肤病的人和经常失眠的人最好不要用冷水洗脸。刚干完重体力活的人，出汗多，浑身发热，也不要马上用冷水洗，以免血管剧烈收缩，使体温失调而伤风感冒。

冷水冲头有害

用冷水冲头，强制大脑维持兴奋，就会导致大脑兴奋过程和抑制过程的紊乱，长此下去，就容易造成神经衰弱，抵抗力下降，体弱多病。有效的办法，应该在用脑过度时，采取做体操、散步等转移注意力或其他休息方式，以调剂大脑功能。

绿色对眼睛有好处

各种颜色对光线的吸收和反射不同。青草和绿色的树叶，不仅能吸收强光中对眼睛有害的紫外线，而且对光的反射，绿色只反射百分之四十七，对人体的神经系统、大脑皮质和眼睛里的视网膜均较适宜。另外，嫩绿的颜色，能给人以新鲜、温柔和恬静的感觉，所以，当眼睛看东西太久而感到疲劳的时候，休息一下，多看看绿色，眼睛可解除疲劳。

握手会传染感冒

国外有学者做了一项有趣的实验：将40名志愿者分为两组，与感冒病人进行人为的接触。结果一个组12人没与感冒病人接触，仅有1人患感冒，而另一组28人与感冒病人仅进行短时间的握手，结果竟然有20人发病；这是因为感冒病人经常用手擦鼻涕、揉鼻子、捂口鼻，口鼻分泌物中的病毒就会大量沾在手上，而手的温度较高，病毒存活时间长，就有可能通过握手而传染他人。

睡前刷牙

白天吃东西，有的食物会堵塞在牙缝里，如果睡前不刷牙，食物经过一夜发酵腐烂，细菌大量繁殖，产生的乳酸会严重地腐蚀牙龈，引起龋齿病（即虫牙）或牙周炎。所以睡前刷牙好。

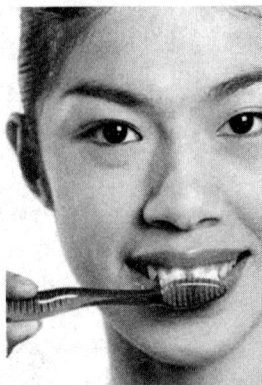

剔牙为什么不好

牙齿与牙齿之间的空隙处都被牙槽骨和牙龈组织所充满，用火柴杆等硬的东西剔牙时，不小心会把牙龈戳破，使口腔里的细菌侵入，造成牙龈发炎，发肿，使牙周组织萎缩，牙缝增宽，这样不仅食物就更容易嵌进牙缝里去，而且还容易发生蛀牙、牙周病，所以用硬物剔牙不好。如果食物塞进了牙缝，可用漱口、刷牙的办法把食物清除。

空腹喝凉开水

水烧开后，水中的气体就被蒸发掉，冷却后会使水的表面张力增强，容易渗入人体细胞内，从而迅速进入血液，使内部得以洗涤。另外，早晨饮凉开水，因腹中空空，水在胃中停留时间短，能迅速进入肠道，而后被肠粘膜吸收进入血液中，可以将高浓度血液稀释，促进人体的新陈代谢，增强肝脏的解毒能力和消化道的排泄能力，以及人体的免疫功能。

抽烟有害

烟草里含有许多种有刺激性和有毒的物质。其中毒性最大的是尼古丁。它能使人的神经系统慢性中毒，头昏脑涨，失眠多梦，记忆力减退，注意力不集中，智力退化，肌肉无力，影响工作和学习，它还能使人的血管收缩，变窄，血压升高，心跳加快，引起或加重冠状动脉硬化性心脏病。对青年人，还可能引起或加重血栓闭塞性脉管炎。近年来，据科学家研究，抽烟还是患肺癌的主要原因，另外，抽烟还是引起慢性气管炎的一个重要因素，因此，抽烟的害处实在太多了。而且我们青少年正是读书、长身体的时候，根本不应该抽烟。

梳头能健脑

梳头经过很多穴位。这些穴位得到良好的按摩刺激，可以起到平肝熄风、开窍凝神的作用，特别对一些高血压、动脉硬化、失眠、神经衰弱者帮助更大。这是因为你用梳子梳理头发的神经末梢，可以通过大脑皮层调节头部的神经功能，松弛头部神经的紧张状态，促进血液循环，因此，梳头能促进大脑健康。

小姑娘烫发不好

　　处于发育中的姑娘，烫发会破坏头发内部的结构，使头发中的纤维无法复发，影响健康和容貌；乌黑的头发也会变得枯黄发脆，甚至脱落。烫发还会影响汗液正常蒸发，妨碍头发的新陈代谢，给细菌的大量繁殖造成有利条件。在夏天还容易生痱子或皮炎。

女孩子束胸不好

　　姑娘正处于发育时期，束胸会影响乳房的正常发育，导致日后产生乳腺炎。同时，还会使胸部发生畸形，变得又细又窄，挤压心脏，缩小肺活量，妨碍血液循环，影响全身健康。

汽油洗手不好

汽油是一种脂肪溶剂，有着较好的去污作用。但在去除手上油污的同时，也会把皮肤表面的一层薄皮脂带走，甚至表皮细胞产生的脂肪也被去除。于是，就会使皮肤干燥，发白，进而变得粗糙、龟裂，甚至引起湿疹等皮肤病。另外，有的汽油内还含有大量的稠环芳烃或某些抗爆性添加剂，如经常接触，这些物质会通过皮肤进入人体，对人体的中枢神经系统和血液循环系统产生危害。因此，当手上沾上油污时，最好用洗涤剂、黄沙、木屑等搓洗。

日光灯管有毒

灯管内壁涂有一层白色的荧光粉，主要成分是有毒的氧化铍，毒质进入毛巾，洗脸时会伤害眼睛，皮肤如有伤口，碰到氧化铍，就会溃烂。所以，坏了的日光灯管不要乱丢，更不要用来晾毛巾。

乱烧垃圾不好

垃圾的成分非常复杂，焚烧时，会生成一种多环芳香烃化合物，这类化合物可能通过呼吸道或食物链进入人体，会引起全身性的疾病，而且其中还有很多种致癌性物质。所以垃圾千万不要焚烧。

噪　音

噪音常常吵得人们心烦意乱，使人头痛、头晕、疲劳、失眠、记忆力减退。会致使少年儿童智力发育不良以及使人血压升高，心脏跳动的节奏发生变化，久而久之，会导致患心脏病、高血压、胃溃疡等疾病。严重的还会引起精神失常、休克，甚至危及生命。因此，为了防止噪音对人的伤害，我国规定，工作环境的噪音最高不得超过 90 分贝。

夏天睡觉要盖肚子

一个人最怕冷的是肚子。肚子皮很薄，很不保温。如果一旦着了凉，就会肚痛、闹肚子拉稀。所以夏天尽管天热，晚上睡觉也一定要盖好肚子。

不要在风口里睡觉

人在睡觉时，汗毛孔都开着。在风口里睡觉，皮肤受凉，汗毛孔就会收缩，把汗孔闭死，阻塞体内热量散发，发生闭汗，人就容易生病，甚至会使脸上神经麻痹，发生眼斜、嘴歪的毛病（面瘫）。

不要蒙头睡觉

　　人的生命与氧气紧密相关。当氧气进入人体以后，由心脏挤压给红血球，再由红血球把它带到全身各个组织里去，供人体利用。这样，人才能有饱满的精神。蒙头睡觉，被窝里的新鲜空气很少，而呼出来的二氧化碳却越来越多，再加其他一些混浊气体一起被吸到人体里，时间一长，就会影响身体健康。如头痛、头晕、胸闷、恶心、四肢无力等等。

不要坐着睡觉

　　当人们熟睡后，心率变慢，血管扩张，流往各脏器的血液速度相对减少。坐着睡觉，流入脑子的血液更加减少，特别吃饭后，血液要进入胃肠系统，帮助消化，加上坐姿不正，就会更加重"脑贫血"，发生头晕、耳鸣、腿软、视觉模糊等。所以，坐着睡觉有碍健康。

不要开灯睡觉

开着灯睡觉，灯光会扰乱人体内的自然平衡，使人体产生一种"光压力"。人体在"光压力"的作用下，生物和化学系统会发生改变，体温、心跳、脉搏和血压等也会变得不协调。这样，时间长了，就会发生头晕目眩、疲劳、四肢无力，各种疾病也就会乘虚而入。另外，开灯睡觉往往不易入睡，睡着了也不那么踏实。因而，应该克服开灯睡觉的不良习惯。

不要坐车看书

车内照明设备差，特别是车行驶期间，由于经常晃动，很难使书同眼睛保持必要的距离。读物同眼睛之间的距离大约为 30~35 厘米。乘车时看书、报，双眼很难适应这种条件，容易紧张过度，造成疲劳，青少年坐车看书、报尤其有害，因为他们视觉系统没有最后发育成熟。

不要躺着看书

眼睛能看清东西，主要是睫状体肌肉的伸缩，不断调节眼球中的晶状体的结果，距离越近，调节的幅度越大，眼睛也就越容易疲劳。躺着看书，眼睛和书面的距离或近或远，很不一定。时间长了，就会造成水晶体过度调节，使眼球充血，闷胀头痛。另外，躺着看书，往往光线较暗，会进一步加重眼睛疲劳，长此下去，就要变成近视眼。

不要边吃饭边看电视

边吃饭，边看电视，精神集中在电视上，会影响神经的调节和消化液的分泌。脑部血液量增加，胃肠血液供应量减少，从而使胃肠的消化功能降低、消化不良，时间长了，还会患胃肠病。

四、天文气象

太阳为什么会发光

科学家对太阳光谱的分析，太阳由 67 种元素组成。其中氢的含量占太阳的50%，其次是氦，大约占40%，其余65种只占太阳总质量的10%。而太阳内部的温度高达2000万℃，压力可达2500亿大气压，在这种高温和高压的条件下，物质都在以每秒几百千米的速度运动，它们相互间进行猛烈的撞击，叫像氢弹爆炸时所发生的核反应过程一样，使氢和氦产生热核反应，放出大量的热和光，因此，太阳也就发热发光了。

早晚太阳为什么发红

太阳光是所有颜色的混合体，一般情况下呈白色。整个地球被一层厚厚的大气层包围着，大气层中有许多种气体、尘埃、水汽和各种交通工具排出的污染物，以及其他杂质。当阳光通过这些物质时，这些物体就像三棱镜一样散射出七种不同颜色。

太阳升起和下山时，阳光穿过大气层的距离较长，太阳光是斜射在地面上，它通过的大气层比其他时候厚得多。大气层中的物质散射出红、黄两种颜色。这样，我们早晚就看到一个发红的太阳。

傍晚的太阳为什么会变成扁圆形

这是大气的变化所形成的。一般来说，在一定的区域内，横向的气温、空气密度、透明度都没有什么变化；可是，竖向就不同了。气温、空气密度、透明度都会有不同的变化。由于竖向不同高度的空气密度不同，就会产生光的折射，这在气象学上叫"大气差"。越接近地面，大气差也就越明显，这就使本来圆圆的太阳，看上去竖向尺寸有了收缩。这时，看到的太阳也就是扁圆形了。

三个太阳

这种三个太阳的现象叫做假日，实际上是日晕的一种。它们的成因和彩虹差不多。不同的是：彩虹的发生是空气中许多水滴在起作用，而假日的形成是漂浮在高空中的卷云在起作用。卷云是大气高层中许多小冰晶体组成的云。因为这些小晶体成六角柱形状，有时候，某些小冰柱垂直地悬浮着。这样，阳光经过小冰柱一定路线的折射后，再进入人们的眼中，就好像有些光线是从太阳两侧射出来的，于是就看见太阳两侧的假日了。

我们为什么感觉不到地球在转动

旋转着的地球，对我们来说是静止的，我们和地球之间的位置没有改变。这就像我们坐在船里一样，船在河里航行，我们不觉得船在动，因为我们和船之间的位置没有改变。同样道理，旋转着的地球对我们来说是静止的，我们和地球的位置就和我们在船上一样没有改变，所以也就感觉不到地球在旋转。

月亮为什么不发光

月亮的质量比太阳小得多，内部的温度很低，而表面的温度就更低。因此，不能产生"热核反应"的变化，所以也就不可能发出一般的可见光来。

月亮为什么掉不下来

月亮在不停地绕着地球旋转。它旋转的速度，每秒钟可以达到 1.02 千米。地球对月亮的引力正好维持着月亮的这种运动，保持和地球远近不变的距离。因此，月亮不会掉下来。

月亮为什么老是一面朝着地球

月亮一方面在自转，一方面在绕着地球公转，而它自转一周的时间，正好和公转一周的时间相同，所以，月亮的一面老是朝着地球，另一方面则老是背着地球。

月食为什么在望日

当月球运动到地球阴影中的时候，地球在背着太阳方面的这条阴影就使得月面变暗，因而发生月食现象，而从月球进入地球阴影发生月食的位置来看，正好是日、地和月处于一条直线上时，而这一情况，只能是逢望的满月时候，所以，月食都发生在逢望的日子里。

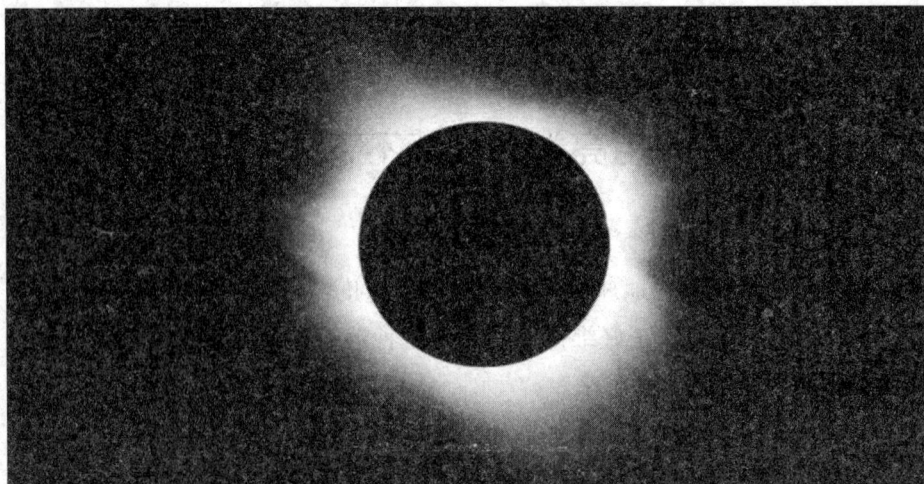

星星眨眼

其实星星并不会眨眼，所以感觉它在一闪一闪像眨眼似的，是大气在作怪。

原来大气层的大气不断在运动，热空气上升，冷空气下降。因此，它的密度是不一样的，而大气的透明程度取决于它的密度，这和玻璃透光的道理一样。玻璃的密度均匀，薄厚相同，它的透光性就好，透过它看到的东西不变形。如果密度不一，透过它看东西就不真实，而薄厚不均的大气就像一块质量不好的大玻璃，使我们看星星时，总觉得星星在晃动，就像眨眼一样。

冬天银河哪去了

我们说的银河带，夏天，地球转到太阳与银河带之间，银河正好是夜晚出现在天空。在其他的季节里，银河不是在白天出现，就是清晨或黄昏的时候出现，有的时候，它不在天空中央，而是出现在靠近地平线的地方。所以，除了夏天的夜晚我们能看到银河以外，冬天和其他的季节就不容易看到它了。

二月为什么有时是二十九天

地球绕太阳转一圈的时间要比我们说的一年多一点。是三百六十五天五小时四十八分四十六秒。如果一年一年老是多下去，时间就要不准了。于是人们想了一个办法，每四年设一个闰年，把四年中多出来的一天，加在二月。这样，二月就有了二十九天，也就是说，每四年有一个闰年，这年的二月有二十九天了。闰年的一年之所以是三百六十六天，就是这样来的。

八月为什么是三十一天

现在我们用的公历，是从古罗马统帅儒略·恺撒执政时候制定的儒略历演变来的。这种历法规定，一年十二个月，逢单是大月，三十一天，逢双是小月，三十天，全年共是三百六十六天。但一年只有三百六十五天，多出一天怎么办？据说，二月份是罗马帝国的杀人月，为了使这个不吉利的月份快一点过去，就决定把二月减少一天，成为二十九天。

儒略·恺撒生在七月，正是大月，后来，他的继承者屋大维是八月生的，屋大维觉得八月是小月，有失自己的体面，就又把二月减去一天，加到了八月。这样，二月就成了二十八天。而八月也就成了三十一天了。

立春不是春天的开始

"立春是春天的开始。"这是我国民间的说法。其实，立春不是春天的开始。春天应该是和温度联系在一起的，现在我们一般是以10℃作为冬天和春天的界限。平均温度不到10℃是冬天，超过10℃是春天，因此，我国各地的春天就不都是从"立春"开始了。

早春更觉寒

冬去春来，皮肤上的"温觉感觉器"受不到凛冽寒风的刺激，神经冲动就随着减少。"体温调节中枢"得不到神经冲动的信息，汗毛孔的封闭程度就相应地降低了，所以早春时节天气尽管不太寒冷，春风却可以直入人的肌肤，使人有透心凉的感觉。

低气压区常有雨

我们知道，大气压是由大气层的重量产生的。但大气层的重量是不均衡的，因此，有高气压和低气压两部分，形成高压区和低压区。由于两区气压的不同，高气压区下层的空气就会往低气压区流，低气压区的空气就往上升。空气上升得愈高，气压愈低，体积膨胀得愈厉害。由于气体膨胀做功，空气的内能相应地减少，温度随之降低。当大气中的水蒸气温度降至凝结点时，就成了雨点降落下来。所以，低气压区常有雨出现。与此相反，由于高压区的下层空气不断往低压区流，上层的空气就不断往下层补充。这样，下层空气就受到压缩，压强增大，内能增加，温度随之上升，破坏了雨点的形成。所以，高压区常出现晴朗天气。

清明时节阴雨多

清明时节，正是寒冬过去，春天到来的时候。海洋上空的暖湿空气增多了，加强了，而江南地区上空的寒冷空气还没有完全撤退，暖空气和冷空气相持不下，因而形成了阴雨连绵的天气。另外，清明前后，长江流域天气转暖，大气中的水蒸气比较多，而夜间的天气还比较冷，许多水蒸气就会凝成毛毛细雨。

夏天为何下冰雹

雨和冰雹是在积雨云中产生的，夏天，地面温度高，被蒸发的水分随着热空气流急速上升，而高空中仍然很冷，水气遇冷便凝结成小水滴，小水滴继续变冷，就冻成小冰晶，小冰晶从高空中落下时，把上升的水气冻结在外面成为雪球，雪球继续下降，如遇到上升的热空气流，就又把它带到高空，再遇上小冰滴凝结到自己身上，变成冰球，就这样，冰球时下时上，最后上升的热空气流托不住了，落到地面，就是冰雹。

白色的雾

实验证明：当白光照射到一个透明物体上时，它所透过的光，主要是跟透明物体同一种颜色的光，其他颜色的光都被透明体吸收掉了。如果一种透明物体能使各种颜色的光都透过，那么，这种透明体就是无色的，如冰。但是当水变成雾之后，就形成了许多反射面。这时，光线就透不过去，而是被反射出来了，也就是说，各种颜色的光都被反射了，所以，雾就变成白茫茫的了。

雷雨前刮大风

下雨前，空气的上下对流运动很快，下层的空气大量向高空流动，到高空又向外面流。这样，地面所承受的空气重量就大大减少，大气压力降得很低，于是四周的空气就像潮水一样冲来。另外，雷雨云前面的空气温度比较高，密度小，气压低，而雷雨云后的空气温度低，密度大，气压高。这样，前后之间大气压力差异大，因此空气流动也就快了，空气流动就是风。因此，雷雨前经常要刮大风。

冬天冷是太阳离地球远了吗？

天气冷热是由地球获得太阳热量多少来决定的，而且地球获得太阳热量多少与太阳的照射角度——直射和斜射有关。冬天，阳光斜射北半球，（我国位于北半球）斜射的光线没有直射的密集。因此，地面上单位面积所获得的热量比直射少得多，所以冬天的气温也就低了。

"三九" 天最冷

　　地球白天吸收太阳辐射来的热，到夜里就把它散发出去。夏天，白天吸收的热多，晚上发散的热少，这样，每天都能积存一些热。冬天，白天吸收的热少，晚上发散的热多，每天不但不能再积存，还要把夏天积存下来的热用掉一些。冬至这一天，白天吸收的热量少，可是地球上还有一些储存。过了冬至，储存越来越少，到"三九"，地球热的储存是一年最少的时候，所以也就最冷了。

吹北风为什么冷

　　地球上的冷热是由太阳辐射决定的。地球上各个地方接受太阳供给的热量是不一样的。太阳光直照的地方，要比斜射的地方热。赤道附近的阳光，一年到头都是直射的，因此天气热，所以叫热带；相反，在地球两极附近几乎有几个月不见阳光，天气特别冷，所以叫寒带。我国地处寒带和热带之间，属于温带。风是空气流动形成的，我国冬季的北风或西北风，是从寒带吹来的。因为那里的气温比我们温带的低，所以也就非常冷。相反，南风或西南风是从热带刮来的，所以就比较暖和。

下雪为什么不冷

　　液态物质在凝固的时候，要放出热量。当天空的水蒸气凝结成雪花时，放出热量，因此，气温并没降低，而任何固体物质的融化都必须有热源。雪在融化时，就必须吸收周围的热量。这样，太阳给予的热量被逐渐融化的雪吸收了。因此，下雪不冷，化雪冷。

融雪时为什么结冰凌

　　太阳光照射角度不同造成的。在晴朗的天空里，当温度只有零下 1～2℃时，太阳光虽然照着大地，但斜射过来的光线并没有使地面上的雪融化，而倾斜的屋顶，几乎被太阳直射着，因此比地面温度高。这样，屋顶被融化的雪水，顺着屋檐往下流，而屋檐下的温度却在冰点以下，因此，流下的水滴，就一点一点地凝结成冰凌了。

天上的云有白有黑

　　这与天上云层的厚薄有关系。太阳光向地面照射的时候，云层薄的地方能透过阳光，云就是白的；云层厚的地方，阳光透不过来，云也就是黑的了。

冬天天气为什么寒冷

天气的冷暖跟太阳照射地球的角度及照射的热量有关：当太阳和地面呈垂直角度时，太阳对地面加热的温度最高，而斜度加大时，温度就随之下降。冬天，太阳照射的强度比较弱，当然气温不会升高。我们所处的地方是地球的北半球，是温带地区，到了冬天，太阳对地面的倾斜度最大，因此，地面的热度也最低，热量少。所以，我们就觉得特寒冷。

我国的气候多种多样

我国的面积是大，南北相距约 5500 多千米，共占 49 个纬度，南北温差很大。另外，东南部海洋多，河流也多，空气潮湿。在地势上，西北高，东南低，地势越高气候就越冷；地势越低，气候也就越暖和，如此等等，就使我国的气候变得复杂多样了。

高山能避暑

高山上除了有森林可以调节气温，主要是因为气温是随着海拔高度而变化的。太阳光照射到地面时，它的热以对流形式传给大气，所以离平地高的地方，离热源就越远，气温也就越低。在一般情况下，海拔升高 100 米，气温大约要下降 0.5~0.6℃。所以高山能避暑。

海上无风也有浪

浪有两种：风浪和涌浪。风浪就是被风吹起来的浪。而在风停止后，风浪并不会马上消失，还在那里向前波动传播，并会波及无风的海面，这种浪就叫涌浪。海洋是广阔无边的，总有一些地方有风在吹，总有一些地方有风浪。这就是尽管海上没有风，却也有浪的道理。

五、动物世界

鸡为什么要吃沙子

鸡是没牙齿的，吃东西时不咀嚼，就吞进肚（砂囊）里了。鸡吃的沙子等杂物，可以帮助它把食物磨碎消化。所以，鸡要吃沙子等杂物。

雄鸡早晨为什么啼鸣

在雄鸡的大脑和小脑之间有一个小内分泌器官，它的形状像松果，所以叫它为松果腺。到黑夜就分泌出一种叫黑色紧张素的激素。黑色紧张素能抑制鸡的活动量，使鸡处于睡眠状态。天一亮，黑色紧张素分泌停止，鸡也就醒了，这时雄鸡就啼鸣报晓。

鸭子冬天在水里不怕冷

鸭子的体内有丰满的脂肪，外面又有一层厚厚的不透水羽毛；还经常用嘴往羽毛上抹尾巴上分泌出来的油脂，冷水浸不进羽毛里，皮肤受不到寒冷的刺激。另外，鸭子长年在水中，已经养成了习惯。所以，它不怕冷。

猫为什么能回家

科学家研究认为：猫狗等动物有着较完善的听觉和嗅觉，在它们的耳内有一种"曲折感觉器"。这种器官像眼睛一样，能断定运动方向和周围环境中物体分布情况。生理学家还试验证明，这种感觉器官还是一种特殊的指南针，这些动物的每个动作，都能由曲折感觉器记录下来，并变成信号传给大脑皮层。猫之所以能从很远的地方返回老家，是由于曲折感觉器发生作用的缘故。

猫在夜间能捕鼠

动物眼睛的网膜上有两种不同功能的感光细胞——圆锥细胞和圆柱细胞，圆锥细胞多在网膜的中央部分，能感觉白天的光；圆柱细胞在网膜的周围部分，能感觉夜间的光。白天活动的动物眼睛里，只有圆锥细胞，所以能在白天看到东西。夜间活动的动物眼睛里只有圆柱细胞，所以能在夜间看到东西，猫这两种细胞都有，而且圆柱细胞较多。另外猫的瞳孔能够随光的亮度自动地收缩成狭缝或放大成圆形。在黑夜里，猫的瞳孔放得很大，所以它能在夜间看清东西，当然也就能捕捉老鼠了。

猫胡子的用处

猫在捕捉老鼠的时候，常常要钻洞。猫的胡子长短和它身体的比例是一致的。当老鼠钻进洞里时，它就用胡子去探，如果胡子碰到洞壁，就说明洞子比较小，身子进不去；如果胡子碰不到洞壁，就说明洞子比身子大，能钻进洞去。所以，猫的胡子实际上是身上的一把尺子。

狗为什么会哀鸣

世界上根本没有鬼神，狗号叫不是大难临头的预兆，而是雄狗发情的表现。也就是雄狗吸引雌狗所发出的呼唤声。狗的爱情期，一年有两次，多数在春、秋两季。正如猫思春，雨后蛙鸣一样，都是动物的一种自然生理现象。

狗为什么老是伸着舌头

狗的皮肤里没有汗腺，体内的热量不能散发出来。狗的汗腺在舌头和脚趾上。所以，为了散发身上的热，就得伸出舌头呼哧呼哧地喘气，把身上的热散发出来。特别是在夏天天热，狗就把舌头伸到嘴外来了。

小白兔的眼睛为什么是红的

白兔身体里不含色素，眼睛的红色，是它眼球里血液反映出来的颜色，所以看起来眼睛是红的了。

牛嘴为什么总是在咀嚼

牛有四个胃，第一个叫瘤胃，第二个叫巢胃，第三个和第四个分别叫垂瓣胃和皱胃。牛在吃草时，先把草料粗粗嚼碎，送进瘤胃里贮存，然后再送进第二个巢胃里发酵。休息时，就把草团送到嘴里慢慢咀嚼，最后把咀嚼碎的草料再送到另外两个胃里消化，吸收营养。

马为什么要钉蹄铁

凡是马都是要挂掌的。马掌就像我们人穿的鞋，是用来保护马蹄的。因为马蹄里面是马的肌肉，马每天走路干活，很容易把蹄子的甲壳磨损，露出肌肉。这样，马就不能走路了，钉了马掌就能把蹄子保护起来。所以，马掌磨损后，就要及时到铁匠铺去换上新的蹄铁——挂掌。

骆驼背上的鼓包的用处

骆驼有一个峰的，叫单峰驼，有两个峰的，叫双峰驼。但不管是单峰驼，还是双峰驼，它们的驼峰都是贮藏营养物的，是个营养库。如果驼峰高高隆起，说明贮备的营养充足，可以长途旅行了；如果驼峰萎缩、平塌，说明贮备的营养不足了，体力已经大量消耗了，不能继续远行，需要补充食物了。

象用鼻子吸水为什么不呛

大象的鼻腔后面的食道上方，生有一块软骨，用鼻子吸水时，水就进入鼻腔。由于大脑中枢神经的支配，喉咙部位的肌肉就发生收缩，促使食道上方的软骨暂时将气管盖住，水就由鼻腔进入食道。因此，就不会呛了。

大象为何不长毛

大象生活在地球最热的地方，它们如何散热要比如何保温更重要。如按身体体积越大，产热越多的法则来说，大象的体积，产生的体热大约是狮子的 30 倍，但是大象皮肤总面积大约只有狮子的 10 倍，还有 20 倍的热量需要设法散掉，因此不能像狮子那样保留妨碍散热的体毛。

兽中之王狮子

狮子都很大，特别是雄狮的身长可达 3 米，体重有 200 多公斤，吼声洪亮，威震四方，山林中的虎啸、狼嗥，都无法和它相比。狮子性情凶猛，捕食各种动物，就是老虎见了也害怕。所以，人们称它是兽中之王。

老虎为何不吃草

各种动物吃的食物之所以不一样，是因为它们的胃肠等消化器官不同。老虎是食肉动物，它的胃肠不能消化草，而且喜欢吃活蹦乱跳的活动物。所以老虎不吃草。

狼为何要嗥叫

狼是合群生活的。离群孤零零的狼，为了与其他狼保持联系，就发出嗥叫。

猴子吃东西特别快

其实，猴子抢吃到的东西（香蕉等），没有吞进肚里，而是存放在嘴里的口袋里了。猴子嘴的两边，有两个囊包，像口袋一样，吃到嘴里的东西都存放在袋里，等抢完食物后，躲到一边把食吐到嘴里再慢慢嚼碎，然后才真正咽到肚里去。

珍奇动物大熊猫

大熊猫在世界上，只有我们国家的四川省内少数地区有。它是经历了很长时期留下的珍奇动物，不但数量少，它的繁殖能力也很低，幼仔又不容易养活。所以，我国把它列为国家一级保护动物，人们则称誉它为"国宝"。

冻不死的北极熊

北极熊的毛与一般动物的毛不同，它的毛像一根根空心的小管子，只有紫外线才能在管子中间的空心管通过，从而能防御严寒的袭击，增强耐寒能力，所以北极熊冻不死。

鸟儿睡觉眼睛时睁时闭

在长期生物进化过程中，鸟类为了保护自己，形成了睡觉睁眼的习惯，而雄鸟比雌鸟漂亮，容易引起食肉动物的注意，被食的可能性大。另外，雄鸟还担负保护自己"妻子儿女"的职责。因此，雄鸟就得多长个心眼，频频睁眼，以免遭受敌害的袭击，所以睡觉时，雄鸟睁眼的次数要比雌鸟多。

鸟在树上睡觉为什么不会掉下来

鸟足上有天生的锁机机构，它的膝部屈曲方向与人相反，不是向前，而是向后屈曲的。这个膝的关节是鸟的脚后跟。膝以上的大腿骨，包在厚实的肌肉中，这些肌肉与足趾末端的筋腱连结在一起。当鸟栖身在树枝上时，双腿的各个关节就会屈曲，筋腱便把细长的足趾抽回，紧扣在树枝上。因此，即使睡熟了鸟也不会掉下来。

燕子站在电线上为何不会触电

电是从发电厂里发出来的，出来时有四根电线。一根和地面连接，叫地线，三根不与地连接叫火线。电到用户是两根线，一是地线，一是火线。如果人或动物碰到火线，又站在地面上，电流就会从身上通过而发生触电。燕子和别的鸟儿站在电线上，因为只接触一根火线，不和别的电线接触，也不和地面连接，身体里没有电流通过，所以就不会触电。

老鹰不拍翅膀能高飞

老鹰有一种天生的本领，最善于识别气流。在阳光照射下的大地，由于受热的空气膨胀而变轻。因此，热空气便上升，形成了上升的气流，而老鹰便专找这些上升的热气流，张开翅膀，让上升的气流托住它的翅膀往上升。所以，老鹰不扇动翅膀也能向上飞。

麻雀不会迈步行走

麻雀的后肢较短，由股部、胫部、跗、蹠部和趾部等部分组成。后肢的肌肉部分分布在股部和胫部，其他部位都是肌腱，这些肌腱贯穿到趾部，能控制足趾的弯曲。但它的胫部（胫跗骨）和跗部（跗趾骨）之间却没有关节臼，因而胫骨和跗蹠骨之间的关节不能弯曲。所以，麻雀也就只能在地上跳跃运动，而不能迈步前进了。

鲸鱼不能在陆地上生活

鲸鱼虽然用肺呼吸，但是，它在适应海洋生活的过程中，身体变成了流线型，后肢消失，前肢变成了鳍。它在海洋中完全依靠海水的浮力，来支持笨重的身体。如它一旦离开海洋上岸，笨重的身体就失去了海水浮力的支持，也没有四肢来支持它的躯体，而且腹腔内也没有骨骼支持，因而，会使心肺受到笨重身躯的沉重挤压，造成呼吸困难和血液循环障碍，最后引起窒息死亡，所以鲸只能生活在海洋中了。

鱼儿成群地游

这和大雁排队飞的道理一样。由于前排的鱼向前游动的时候，会带动鱼儿之间的水，使它形成一股向前流动的水流，而后排的鱼正好处在这股向前流动的水流中。这样，后排的鱼便可以在少消耗能量的情况下，与前排的鱼等速前进。所以，鱼儿总是喜欢成群地游动。

鱼儿为什么能停在水中

鱼之所以有时能停留在水中，是由于鳔的作用。当鱼从水深的地方上升到水浅的地方时，水对鱼的压力减小，鱼鳔内气体鼓胀，鱼的体积也随着增大，水对鱼的浮力就增加，鱼便能毫不费力地上升。当鱼从水浅处游向水深的地方时，水对鱼的压力增加，鱼鳔内气体收缩，鱼的体积就缩小，鱼体受到的浮力减小，鱼就会迅速沉入水底，如果鱼不愿意一直沉到水底，就得增加鳔内气体。于是，就能停留在某一水层而不下沉。所以，鱼能停留在某一水层，完全是由于鱼鳔调节气体的作用的缘故。至于鱼在水中能自由游动，那不是鳔的作用，而是尾和鳍的功能。

鱼睡觉为何不闭眼

　　脊椎动物都要睡觉。鱼是脊椎动物，也需要睡觉，以消除神经系统和肢体的疲劳。但是鱼没有眼睑（眼皮），所以它睡觉（或死了）时不能闭上眼睛。我们常常看到鱼在水中静止不动，鳃一闭一合地活动着，这正是鱼在睡觉，如果你惊醒了它，它又会在水中游动起来。

海鱼不咸

　　海鱼的鳃片里有一种特殊的细胞组织，叫氯化物分泌细胞，它像过滤器，可以把咸的海水过滤成淡水。所以，尽管海水是咸的，但进入到鱼体内的是淡水。因此，海鱼也就不咸了。

上市的海鱼没有活的

　　海水中的压力要比空气和淡水大得多，而当海鱼被捕出水，由于外界压力的突然变化，会使鱼鳔膨大爆裂，或使体内的小血管破裂。这时，鱼就很快会死去，所以在市场上卖的海鱼也就没有活的了。

六、植物园地

会开花的植物

植物长到一定大小之后，叶子内部就会制造一种叫开花素的物质。这种物质对植物产生刺激而生花芽，最后就开出花来。

花儿多在春天开

春天，气候温暖潮湿，最适合植物的开花生长。各种昆虫在春天出土，它们给花传播花粉，花才能结果，传播后代。花在春天开放是植物在长期自然选择中形成的。

大多数花都在白天开

在阳光下，花的表皮细胞内的膨胀压力大，上表皮细胞又比下表皮细胞生长快，于是花瓣便向外弯曲，花朵开放；另外，在白天阳光下，花瓣内的芳香油容易挥发，能吸引许多昆虫前来采蜜，传播花粉，有利于植物结籽，传宗接代，所以植物大多数在白天开花。

夜间开花的夜来香

夜来香又叫晚香玉、夜香花。原来，许多花是靠白天的昆虫传粉繁殖后代的，而夜来香是靠夜间的飞蛾传播花粉的，为了吸引飞蛾传播花粉，所以一到晚上，它就开花了。

五颜六色的花

色素在一定条件下能变成各种不同的颜色。如花青素能变出各种深浅不同的红、蓝、紫色。而胡萝卜素多了，花就会显出黄色、橙色和茶色。白色花没有色素，而是有许多小泡泡，如果把这些小泡泡挤掉，白花就会变成无色透明的了。

花为何没有纯黑色的

花的颜色与花瓣内含的化合物有关。一般花瓣中含有两种物质：花青素和胡萝卜素。花青素的性质极不稳定，遇酸即呈红色；遇碱即呈蓝色；遇强碱呈蓝黑色；中性时呈紫色；没有色素时呈白色。胡萝卜素，它既可以呈黄色，也可以呈橘红色和红色，在植物体内不能产生黑色或绿色的因子。所以黑色和绿色的花就十分少见，也显得特别珍贵了。

放倒的盆花向上长

植物的向阳性，是受顶芽分泌的生长素控制的。盆花放倒后，顶芽分泌的生长素受地心引力的作用，集中到顶芽靠近的地方的一侧，这一侧的细胞在生长素的作用下生长较快。因此，倒了的盆花仍会抬起头来，仍向上长。

中午不能浇花

中午，特别是夏天十二点左右，气温较高，这时植物根系吸水和叶面蒸发，基本相等。这时，如果用冷水浇花，土壤的温度就会突然降低，从而使植物的呼吸功能减弱，对水分的吸收能力降低，而这时花叶的气孔并没有关闭，照常蒸发，这样就会使植物生理失水，甚至死亡。所以中午不能给花木浇水。

自来水浇花不好

自来水中含有一种反射性比较强的重水，它对各种花卉的生命活动有一定的抑制作用。因此，常用自来水浇花，花卉容易死亡。另外，在自来水中还含有少量的氯气，也不利于花卉的生长发育，为了促进各种花卉生长发育，最好用清洁的池水、湖水、河水或江水浇灌花卉，如能用雨水浇花那就更好了。

雨水浇花好

雨水是一种接近中性的软水，含轻水比重较多。轻水所含的气体少，活性强，有利于土壤养分的溶解，能够促进各种花卉生长发育。另外，雨水中含重金属离子少，能够保持土壤团粒结构，防止板结，使土壤中水气并存，有利于花卉根系的呼吸。雨水中还含有一定的氮元素，可供花卉吸收利用。

会涝死的花

植物也要呼吸的。水多了，土粒的空隙填满了水，空气就不能进入土壤，造成植物根部缺氧，植物呼吸就受到阻碍，浸水时间过长，也就会窒息死亡。

植 树 节

农历的惊蛰，我国内地树苗的根系开始萌动，若与泥土接触，就能很快长出新根，再过上十天半月，树苗就会萌发叶芽，容易成活。而3月12日，一般都在惊蛰以后，为使树木容易成活，所以每年3月12日规定为我国的植树节。

另外，3月12日正好是孙中山先生逝世的日子，定这天为植树节，也是为了对他的纪念。

栽树要剪掉树梢

刚栽的树苗，根部吸收养分的能力较差，把树梢剪掉一部分，叶子长得少，可以减少水分的散发，保持树苗的生命力。另外，可以控制树苗猛长，使树干长得更加粗壮坚实，发出的旁枝整齐，树形好看。

柳树能插活

在柳树（还有杨树、月季等）的根茎、叶器官内形成层和射髓组织里，有许多分裂能力很强的细胞，这些细胞在温度湿润等条件适宜的情况下，能迅速分裂繁殖，形成根或芽的"原始体"，并逐渐发育成长，成为新的根和芽，所以能插活。

树木为何能长粗

树木茎部的形成层，能使树木的细胞不断分裂，向内产生新的木质部，向外产生新的韧皮部，随着树木年龄的增长，会不断地扩大茎部。因此，树干也就越长越粗，越长越高了。

不死的空心树

树木所需要的营养物质主要是靠两条线路运输的。一条是木质部由下往上把根部吸收的水分和无机物质送到叶片，再一条是韧皮部由上而下把叶片制造出来的有机养分送往根部。

这两条运输线路，都在边材部分，而树木空心只是在木质部中的心材部分。边材还是好的，养分的运输并没有全部中断。这就是空心树不死的原因。

树剥掉皮后会死

树干的表皮里有一层韧皮部，上面排列着一条条通管，叫筛管。树根吸收了水分和无机物以后，由叶片通过光合作用创造成养料。养料就通过这些筛管输送到树的根部，供树木生长。如果围绕树干把表皮剥掉后，筛管也就被割断了。树木的根部就无法得到养料，树也就很快地会枯死了。因此，我们千万不要用小刀剥树皮。同时，也要管好牲畜，不让它们将树皮啃坏了。

森林里的树木长得又高又直

树木的生长是需要阳光的，有了阳光，树叶才能进行光合作用，供给树木丰富的养料，使树木生长成活。因此，没有阳光，树木就不能活下去。可是，森林里的树木都挤在一起，你挡住我，我挡住你，谁也得不到充足的阳光。为了能得到充足的阳光，于是，它们都争着向上蹿，往上长。结果，争来长去，大家都长得又高又直了。

树木能消除噪音

树木对声波有一种散射作用，当声波通过时，由于枝叶的摇摆，声音就被减弱消失。另外，树木的枝叶表面有许多气孔和粗糙的绒毛，可以吸收大量的声波。所以，城市植树，真是大有好处呢。

松柏常青

松柏与一般树木所不同的是生长期长，它们从发芽到长成树叶，需要 2~3 年时间，而树叶脱落所需要的时间就更长了。同时，松柏落叶时，又总有新叶长出来。因此，我们感觉，松柏就好像是四季常青，永不落叶似的。

叶面水珠从哪来

植物的叶脉末端的小孔里可以分泌出来水珠。这小孔叫水孔，这种叶脉分泌水珠的现象叫吐水。它是植物根系吸水后向茎叶输送而产生的。根系所以能吸水，是靠渗透作用进行的。植物的活细胞就是一个渗透系统，土壤中的水分通过一个个活细胞进入导管，并沿着导管向上输送到叶脉尖端，从水孔中分泌出来，遇到冷空气就形成了小水珠。

叶落为何在秋天

植物不但要进行光合作用和吸收作用，而且要进行蒸腾作用，通过叶面的气孔，不断地将体内的水分蒸发出去，以保持体内水分的相对平衡。我国处于温带，春夏气候湿润，植物生长旺盛，叶子葱绿。到了秋天，气候干燥，水分较少，植物的根因干燥气候的影响，吸水能力减弱，而叶面却比春夏蒸发更多的水分。这样，根对植物水分就供不应求了。时间长了，不但叶子会逐渐干枯，甚至整棵植物也会死亡。这时，植物为了避免死亡，就断绝给叶子供水，叶子因缺水也就枯黄脱落了。

树叶落地背朝天

树叶的叶面向着阳光，细胞内的叶绿体多，叶面表皮下栅栏组织的细胞排列整齐而紧密。而接近叶背的下表皮主要是由海绵组织组成，排列比较疏松，细胞空隙大，所含的叶绿体也比较少。叶绿体比同体积的海绵组织重得多。所以叶面比叶背重得多。当树叶脱落时，由于重力的作用，一般就叶面着地，叶背朝天了。

树木为何要涂白

石灰有杀伤害虫的作用。冬天，在树干上刷上石灰水，可以防治害虫，还可防寒冻。特别是果园里的果树，在冬天，果树的细枝休眠早，粗干休眠晚，外面的天气很寒冷了，而粗干的水分还在活动，就容易受冻。涂上石灰水，白色反光，可以减少树干的昼夜温差，树干也就不容易受冻了。

竹子为何老长不粗

竹子是禾木科植物，它的茎没有形成层的构造，所以无法使茎部增粗，只能向上长高。所以，竹子老也长不粗。

开花的竹子

竹子开花是一种生理成熟和机体衰老的表现。一般竹子经过若干次无性繁殖以后，年龄增大，性细胞和性器官也逐渐形成，一旦性成熟，不论是新竹子，还是老竹子，都会开花。因此，认为竹子开花是不祥之兆，是没有科学根据的迷信。

蘑菇为何生长在松林里

蘑菇的生长和繁殖，需要充足的水分和有机养料。在旷野里，表面土层一般都比较干燥，土壤的肥力也较差。当孢子落在那里后，很难再进一步发育成菌体，长成小蘑菇。而在树林（特别是松林里和潮湿的草丛里），不仅温湿度适宜，而且还有蘑菇生长需要的落叶朽木，大量的有机物质。所以蘑菇一般都生长在松林和草地里。

一穗苞谷上为何有颜色不同的籽粒

原来玉米的雄花与雌花不是同时开的，一般雄花早开三五天。这样，雌花就由其他株的雄花花粉飘来授粉，造成籽粒颜色不同的品种间的杂交。于是就长出了各种不同颜色的玉米粒来。

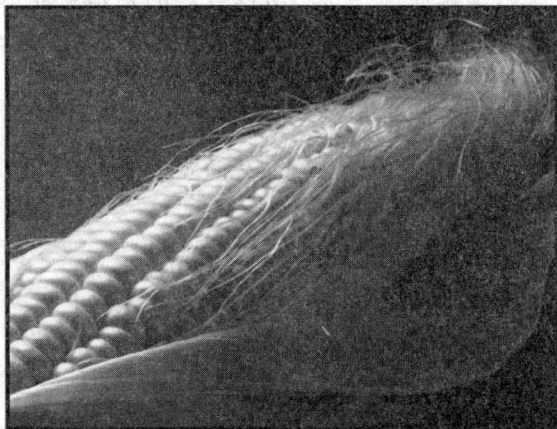

蚕豆里为何会生虫子

蚕豆虫的名字叫蚕豆象，俗称豆牛。原来，它像其他昆虫一样，一生中有卵、幼虫、蛹和成虫四个生长阶段。它的成虫在蚕豆开花、结荚时，把卵产在蚕豆荚的表面孵化成幼虫后就钻进豆荚中，之后，再钻进豆粒里。幼虫在豆粒内发育生长，变成蛹，最后变成成虫，咬破豆皮钻出来，飞到田间或房屋壁缝过冬，第二年春暖花开，飞到田间交尾产卵。所以，蚕豆象并不是蚕豆内自己生长出来的。

没有籽香蕉

野生的香蕉是有种子的，而且很硬。现在我们吃的香蕉是经过人工长期选择，培育和改良了。而它实际上还是有种子的，那就是果肉里那一排排褐色的小点，只是没有发育而退化了。所以香蕉的繁殖就靠地下根分蘖的幼芽了。

七、交通运输

飞机为啥能飞上天

大家知道，飞机有机翼和推进器（或喷气装置）。机翼能产生升力，把飞机托向空中；推进器能产生推力，把飞机推向前进，因此飞机就能飞上天了。

飞机为何不能飞离地球

由于飞机受着地球引力的作用，它被地球的引力吸引着，所以它不能离开地球。同时，飞机按着一定的轨道飞向目的地的时候，前进的动力又克服了地球的吸引力，因此，飞机也就既能同地球同时运动，又能前进到达它指定的目的地了。

飞机迎风起落

飞机起飞，只有当机翼所产生的升力大过飞机的重量，才能起飞，而升力的大小，同流过飞机机翼表面的气流速度有关。速度越大，升力就越大。飞机迎风起飞，流过机翼表面的气流速度与无风时相比，要大得多，升力也大，在跑道上滑跑的距离就短；而在飞机迎风降落时，可以借助风的阻力减小飞机的速度，缩短飞机着陆时的滑跑距离。另外，飞机在起飞或降落时速度都比较慢，稳定性比较差。如果这时遭到强劲的侧风，就可能被吹歪倾倒，造成飞行事故。因此，飞机迎风起落时，则可缩短飞机起飞或着陆的滑跑距离。同时，又比较安全。

飞机也有红绿灯

飞机在天空中飞行，也有一定航线，空中航线虽然不像马路那样狭窄，但是飞机飞行的速度特别快，因此，不可避免会有相撞的危险。特别是在夜间飞行，不容易看到前方有没有飞机，为了避免事故的发生，所以在飞机的左边翅膀尖上，装一盏红灯；右边翅膀上装一盏绿灯，在飞机后边，装一盏白灯。

雷雨时飞机要高飞

在下雨的积雨云里，空气上下流动的速度很快，据测定，每秒钟可达 10 米以上，飞机在积雨云中飞行，就会受到它的冲击，使飞机摇摆，颠簸，不仅驾驶困难，甚至有坠落的危险。另外，飞机穿入积雨云中，因温度太低，冷水滴在机翼上会冻结成冰瘤子，影响飞机飞行。所以雷雨时，飞机飞得高些，避开积雨云，以保证飞机的安全飞行。

越来越短的飞机机翼

飞机是靠机翼产生升力，把飞机托上天空的，而且机翼越大，升力就越大。但是，机翼在飞行中，会产生阻力，而且机翼越大，阻力就越大。实验证明，一架飞行速度每小时 1000 千米的飞机，机翼的定长约 33 米，机身全长约 20 米，可另一架飞行速度达到每小时 1700 千米的飞机，机身全长约 20 米，机翼只要有 12 米就够了。所以为了提高飞机的飞行速度，在不影响飞机升力的情况下，机翼越来越短了。

飞机的大翼上为何要有小翅膀

飞机在飞行时，由于空气压力变化的影响，气流会在机翼后缘和翼尖处形成一个旋涡。它不但会破坏空中气流的稳定和平滑，影响机翼升力的产生，而且会增大飞机在空中的迎风面积，增加对飞机的阻力，影响飞机的正常飞行。在机翼两端装上小翅膀后，就等于延长了机翼的有效长度，使翼尖处所形成的旋涡能转向、分散，并在"小翅膀"的后缘被解脱，还能降低旋涡所形成的阻力，并能提供一部分升力，减缓机翼在飞行中的振颤，从而对提高飞行安全、操纵等都有很大的好处。

直升机有个长尾巴

任何设计专家在设计一种东西的时候，都要考虑到它的形状和它的实用关系。直升机也是一样。如单有旋翼，就只能使飞机上下升降，不能前进、后退和左、右转向，因此，在飞机尾部侧面装有一副小型螺旋桨。有了它，就能使飞机左转、右转或保持稳定航向。而为了不使尾桨碰到旋翼，就必须把直升机的机身加长，所以直升机有一个蜻蜓式的尾巴。

能停在空中的直升机

大家知道，飞机要想升上天空，就要有一种向上的力量来克服它的重力，这就是靠机翼产生升力。而直升机的升力，是由它头顶上旋转的旋翼所产生的。当直升机停在半空中的时候，它的旋翼仍然在不停地转动，旋翼所产生的升力，正好同直升机受到的重力大小相等而方向相反。因此，直升机就能不前进，也不后退，不升高，也不降低，稳稳当当地停在半空中了。

飞机里的空气从哪来

简单地说，飞机舱里的空气有两方面来源：一是由飞机发动机的压气机从机身外引来的。但是高空的空气太稀薄，太干，不适宜呼吸。所以又采用回收舱内乘客呼出的湿气来帮助提高湿度，这是第二方面空气的来源。回收的空气经过过滤，消除了99%的微生物和其他有害粒子，与从机身外引入的空气混合，每隔两三分钟循环一次，从行李柜上方送入机舱，然后由地板下抽走。这样就能充分满足乘客对新鲜空气的需要，又防止了舱内令人不舒服的小风。

飞机为什么要在空中盘旋

有时飞机在空中盘旋，原因是多方面的，体育老师说的是一种情况，除此以外还有：飞机下降时，为了对准机场跑道，降落前飞行员必须对飞机的姿态不断做出调整；有时机场上空天气不好，能见度偏低时，飞机也只能转圈等待空管的指挥，直到接到允许着陆的命令才能降落。如此等等情况，飞机都要在空中盘旋。

不沉的轮船

物体的沉浮除了它和水的比重有关，还和它的体积有关系，因为浮力是随着物体浸在水里的体积增大而增大的。物体的体积小，浮力也小；相反，物体的体积大，浮力也大。轮船虽然大，但它的体积大，排开水的重量也大，因此，轮船能漂浮在水面上。

轮船吐水

现在轮船基本是用柴油机作动力的，柴油机在工作时，汽缸内的温度很高（有的达2000℃），工作时间长了，就会烧坏汽缸和活塞。为了使汽缸冷却，机器上装有冷却器把冷水抽进来，然后再通过排水管放出去。在轮船停泊时，主柴油机虽然已停车，但轮船上供电的柴油机仍在工作，还需要冷却。所以，不论在轮船航行或停泊时，都能看到船肚子上的排水管不停地往外出水。

轮船在夜间怎样航行

轮船上的红绿灯，红灯在左，绿灯在右，白灯在后。后面的船看见前面的白色尾灯，就知道前面有船；同时看见红绿灯，就知道前面的船正在向前方航行；只见红灯，就知道前面的船在右方；只见绿灯，就知道前面的船在左方。这样，夜间轮船就可安全航行了。

轮船为要逆水靠岸

大家知道，汽车、火车和自行车停住时，要利用闸的作用刹车，制止车辆继续前进。

轮船靠岸时，也要刹车，办法就是开倒车。但是，顺水时，由于水流的推力，还会使轮船继续前进不易靠岸。如果逆水靠岸，就可以利用水流对船身的阻力，起到一部分"刹车"作用，使船顺利靠岸停泊。所以，轮船要逆水靠岸。

火车上的电从哪来

车厢里的电是车厢底架上的发电机发出来的。原来在每节车厢的底架或转向架上，吊挂有一台发电机，火车开动时，车轮转动，安在车轴上的皮带传动电动机，就发出电来了。为了保证车厢里正常供电，在车厢底架上还装有蓄电池供电系统，它能把发电机发出的电能转变成化学能储存起来。当停车发电机不发电时，它又把化学能变为电能，向车厢里供电。所以，火车停开时，车厢里还正常供电。

铁路钢轨为何要做成工字形

火车的重量很大。为了使钢轨能承受车辆施加的巨大压力，就需要有宽而厚的钢轨道。同时，为了能使钢轨具有足够承受压力的稳定性，并适应带有轮缘的车轮，以及又要节约材料，所以把钢轨做成了工字形。

铁路枕木为何不直接铺在地上

火车和它的载重量非常大，如果把钢轨和枕木直接铺在路基上，枕木和路基的接触面积少，单位面积承受的重量就大，路基面受不了这么大的重量，就要发生高低不平的沉陷。相反，在路基上铺上一层路碴（石子），枕木铺在路碴上，火车的重量通过钢轨传到枕木上，再由枕木通过路碴传播到路基面上，这样，就能增大接触面积，单位面积上的压力降低，路基面也就能够承载起很大的火车重量了。同时，也就能使钢轨平顺，保证车辆平稳，高速安全行驶。

公路转弯处路面为何往里倾斜

任何物体做圆周运动时，都需要有向心力。公路转弯处，路面向里倾斜，就是为了汽车在转弯时，使受力的一部分给汽车提供转弯的向心力，使汽车顺利转弯，并能保证安全行驶。

汽车开得越快车后灰尘越大

大家知道，在我们地球的各个地方都有空气，而当汽车向前开动的时候，就要排开与它同样体积的空气。这在车身经过的地方就要有空气来补充，形成一股涡流，同时卷起地上的灰尘。汽车开得越快，前来补充的空气也越快，因此，卷起的灰尘也就越多。

凸凹不平的汽车灯罩

汽车行驶很快。如果用透光性能很好的平板光滑玻璃做前灯罩，光线通过平板玻璃，只发生直射。夜间，司机看到的目标只是灯前所照的地方，车两旁的地方却因光线昏暗而看不清楚。亮处太亮，暗处太暗，加上汽车本身晃动，容易使司机的眼睛产生疲劳感。另外，用平板玻璃做前灯罩，当车灯照到迎面来的行人或车辆时，对方感到分外耀眼，看不清路面，容易造成车祸。所以，汽车前灯灯罩用带有横竖条纹的压花玻璃做成。这样，玻璃透过的光线可以发生散射和折射，从而变得柔和，也可以扩大照射范围，缩小反差。

汽车后窗上的横线

小轿车后玻璃窗上的横线是一种除霜器，也叫除雾器。冬天，天气寒冷，在汽车后玻璃窗上，很容易结霜或凝聚成水雾，下雨天，还会凝聚一些小水珠。这样，会使司机视野模糊，影响行车安全，而汽车的暖气管道设在车的前部，无法将后窗玻璃的霜雾或水珠除掉，因此，在后窗玻璃上采用了电阻丝加热的办法。在后窗玻璃的夹层里粘上一条条电阻丝薄膜（一条条土黄色的横线）。通电后，后窗玻璃的温度因电阻丝的发热而提高了。这样，就能把凝结的霜、水雾或小水珠融化蒸发掉。

汽车刹车时人为何会往前倾

汽车开着的时候，人也随着车向前跑。汽车刹车停住了，人的脚由于没离开车底地板，所以也能停止住。但是，人的身子还在向前跑，因此向前倾。这在物理上，就叫动者恒动，静者恒静。现在，公共汽车里，都有吊环、扶手，站立时应把住吊环或扶手，以免刹车时前倾摔倒。

汽油车后为何要拖根铁链在地上

汽油是容易燃烧的。汽油车运送汽油时，汽油在油罐里晃来晃去，相互撞击，容易产生静电，电火花燃着汽油，油罐就会爆炸。安上铁链，油罐里的静电就会顺着铁链传到地下，油罐也就不会着火爆炸了。

骑摩托车要戴头盔

头盔是安全帽的俗称，呈半球形。摩托车行驶时的速度很快，如发生撞击时，头盔能使集中的冲击力沿球形面均匀地分散开来，同时，头盔内壁的弹性垫物又能继续使力得到缓冲，从而起到对头部的保护作用。因此，为了使摩托车驾驶员能安全行驶，都必须戴安全帽。

骑自行车为何不倒

凡是高速转动着的物体，都有一种能竭力保持转轴方向不变的能力。自行车、摩托车行驶时，前轮和后轮都在迅速转动。因此，就产生出保持转动轴方向不变的能力，使车子向前行进，不往左右偏歪。同时，加上骑车人在车子失去平衡时，通过车把及时调整前轮位置，这就使车子始终保持平衡，不易倒了。

如果车子突然刹车停住，车轮不再转动，就会失去保持转动轴方向不变的能力，车子也就会倒下。因此，骑自行车或是摩托车时，切勿突然刹车，以免摔倒。

学会骑自行车后终身不忘

这是由于大脑皮层里的"运动记忆"起作用。这种"运动记忆"是专管运动记忆的，它在学习"骑车技术"的过程中，把肌肉的各种动作引起的许多次兴奋，按照不同的强度和时间隔在大脑皮层的不同部位上建立的一种神经联系——记忆，联系一旦建立，便会在头脑中留下痕迹。随着重复次数的增多，骑车技术的不断熟练，痕迹因积累也就更加巩固，因而这种神经联系也就会牢固地保留下来，所以，学会骑自行车后，就终身不忘了。

哈腰骑车更快

主要是直着身子时，身子挡风的面积大（阻力大）。哈腰后，身子挡风面积小（阻力小），所以骑车的速度也就快了。

自行车架包布不好

自行车架包布，是可以防止磕碰，保护车漆。但是，自行车一旦被雨淋湿了，布条（或塑料带）缝里就会渗进水，车架的漆就会受影响而皱裂。再说塑料带受到阳光照射会老化，也会影响车架的漆面，造成脱落。

自行车要安一个不发光的尾灯

　　自行车的这个尾灯虽然不发光，但反光能力很强。在晚上骑自行车，后面来汽车，汽车灯光照在自行车尾灯上，尾灯就会反射出又红又亮的光来，汽车司机发现前面有自行车，就会注意开车，以免发生事故。

怕太阳晒的自行车

　　自行车被太阳晒后，会加速漆膜氧化，失去原有的光亮，自行车的轴承、珠架等加油部分，日晒后，会使润滑油融化流失。另外，车胎被日晒后，容易老化，丧失弹性，产生裂纹，降低使用期限，还会使车胎内的空气膨胀而破裂放炮。

八、家用电器

干电池为何会跑电

干电池跑电的原因有三:

1. 空气潮湿。空气中或多或少都有一定的水分,潮湿的空气成了导体。这样电流就会通过潮湿的空气从电池的正极跑到负极,产生跑电。

2. 尘埃杂质。电池表面的灰尘杂质,也是一种导体,它会使电能慢慢跑掉。

3. 气温的影响。气温高,会使电池里糨糊样的液体干涸,气温低或因寒冷,会使它冻结。这种电糊一硬化,电池也就不能再用。

因此,电池应保存在通风、干燥的地方,并且要保持表面清洁。这样,就会减少跑电,延长电池的使用寿命。

新旧电池不能混用

因为旧电池的电用完后,它的电阻就增大了,电压降低了,因此,也不再有较大的电流使灯泡发亮。如果将新旧电池混用,旧电池的电阻实际上就成了电路中的一个负载,白白地消耗,直到新、旧电池的电压相等为止,这是十分不合算的。因此,新、旧电池混用不好。

电灯为何摁了开关才亮

在平时，街上由电线送进屋来电的电线，和电灯灯头上的电线，在开关里是断开的，所以电灯不亮，而摁了开关，就把街上来电的电线和电灯灯头上的电线接通了。这样，电就跑到灯头里，电灯也就亮了。

电灯为何会发出亮光

电灯里有灯丝，它是金属钨做的，非常耐高温，烧不坏。它是爱迪生经过1600多次试验才找到的。在灯泡上有两个电极，通过电极把灯泡上的火线和地线连接起来。当我们打开电源开关时，电流通过灯丝，由于灯丝有电阻，容易发热，一般可达到2500℃左右。当灯丝发热到白炽程度时，电灯就发出亮光来了。

梨形的灯泡

气体有对流的作用，灯泡点亮时，灯泡里的钨丝能达到 2500℃ 以上的高温，使钨丝表层蒸发的一部分钨的微粒沉积在灯泡内壁上，时间长了，灯泡就会变黑，影响照明。灯泡做成梨形，灯泡内的惰性气体对流时，钨的微粒，大部分被卷到上方，沉积在灯泡的颈部，这样就能减轻对灯泡周围和底部的影响，保持它的亮度，所以灯泡做成梨形。

省电的日光灯

物体发出的光，分热光和冷光两种。白炽灯发的是热光，它依靠电流把灯丝加热到 2500℃ 左右而发光，但其中只有 7 ~ 8% 的能量变成可见光，余下 90% 以上的能量变成了毫无用处的热和不可见光，白白浪费掉了。而日光灯是一种冷光，它的温度只有 40 ~ 50℃，散布到周围的热量很少，所以比起白炽灯来，就省电多了。

日光灯要安整流器

在开日光灯时使电流通过铁心线圈，在线圈内部和周围产生一个磁场。这个磁场的变化，可以产生短时间的高压，激发日光灯内的氖气发光。而当日光灯点燃后，整流器能起到限制通过灯管中的电流的作用，使灯管不致因电流过大而烧毁。

不要频开频关日光灯

日光灯正常工作时，灯管两端的电压只有电源电压的一半，而在开日光灯的一瞬间，灯管两端的电压是正常工作时电压的 8 倍左右。在一般情况下，日光灯启动一次所消耗的电相当于日光灯点燃两小时。所以，日光灯开关不要太勤。

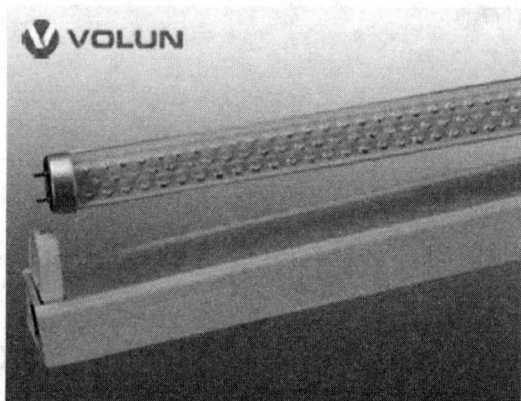

半导体收音机有方向性

在半导体收音机里，有一根磁性天线（磁棒），能把附近与它平行的磁力线聚束在磁棒内。因此，当收音机里磁棒的轴线与广播电台的方向垂直时，接收到的电磁波——广播信号最强，声音最大，音质也最好。相反，磁棒的轴线与广播电台的方向不垂直时，收到的信号就弱，声音就小，音质也差。这就是半导体收音机之所以有方向性的原因。

不要长时间用耳塞机收听广播

用耳塞机收听时，收音机的音频效应比扬声器放音时集中，注意力也高度集中，伴随着节目内容的起伏，精神处于比较紧张的状态；此外，耳塞机振动膜与耳膜之间的距离很近，声波传播的范围小而集中，对耳膜听觉神经的刺激比较大。这种刺激时间一长，就容易引起失眠、头痛、记忆力减退等症状。所以用耳塞机收听广播节目时间不应过长。

电视机打开后为什么先有声后有影

电视机打开后，先有声后有光的原因是：电视的图像和伴音不是用光和声直接传送的，而是变成电磁波传送的，因此，光和声的两种信号是同时到达电视机的，但电视机内接收伴音的装置，类似晶体管收音机一开便响；电视图像显示则是依靠显像管，而显像管里的灯丝要经过预热后才能开始工作，荧光屏上才能发出光来。所以电视机打开后，就先听到声音，然后才能看到光（影）。

电视机屏幕开多亮为好

电视机荧光屏的亮度，是靠显像管的阴极发出电子，经过聚焦和加速后高速度轰击荧光屏，使荧光粉发光。轰击电子越多，速度就越快，而发光就越明亮。但常处在高亮度状态下的荧光粉很容易使发光效率降低，缩短显像管的寿命。再是，电视的亮度越大，耗电量越高，这样越易使高压部件损坏。另外，闪烁感越强，对人眼刺激性也就越大。因此，在收看电视节目时，屏幕的亮度不要太亮，也不要太暗，暗了看不清，也费视力，最好的应该亮度适中为好。

电视机旁不能放盆花

盆花始终要保持潮湿，把盆花放在电视机旁，就容易使电视受潮，影响电视机的使用寿命。另外，电视机的显像管还会放出某些射线，破坏植物组织的细胞，影响植物激素的分泌，妨碍花卉的正常生长。开花不艳，而且容易凋谢枯萎。所以，电视机旁不放盆花为好。

彩色电视机关机后为何有彩色光点

彩色电视机显像管电子枪的加速极和聚焦极是用金属制成的，它的表面往往有毛刺，同时，显像管腔内的石墨等涂料，也会剥落，掉在电极上形成毛刺。这些毛刺，在电视机工作中会积聚电荷，发生尖端放电。这时，会放出电荷轰击荧屏上的荧光粉，形成局部亮点。使用一定时间后，毛刺在放电过程中被烧掉，亮点也就自行消失。

彩色电视机没有地线

彩色电视机的供电系统采用的是开关电源，没有变压器，220 伏电源在送入机内整流，机内则采用悬浮接地，人体触及的一些金属导体都不能与机内底极相通。如接了地线，一旦电源插头插反，机内地线就会与电源的相线接近，使机架带电，发生触电危险。同时，机内也会由此产生感应高压，烧坏集成电路或其他原件。因此，彩色电视机没有地线。

显像管爆炸

电视机显像管爆炸主要是由于保养和使用不当引起的。当电视机受到震动、冲击、碰撞，以及温度的骤冷骤热变化，污垢过多，容易引起电短路，致使局部过热，极易造成显像管爆炸。为此需要注意：（1）显像管表面有沾污时，应用细软绸布擦净；（2）收看距离应在一米以外，以免爆炸时伤人；（3）不要把电视机在冷热温差很大的房间里搬来搬去，尤其是刚刚关闭的电视机不能马上搬到冷房内；（4）不能用冷水凉布擦拭刚刚关闭的电视机显像管；（5）收看完毕的电视机，要等机内热量散发后，才能加防尘罩。

走调的录音机

盒式录音机放出的声音有时"走调"，声音忽高忽低，这是转速忽快忽慢造成的。其原因不外乎以下几点：一、电压不稳，观察电压指示器偏离百分之百的位置太多，使直流电机的稳速性能失控；二、电机传动皮带松弛或跳出皮带槽；三、压带胶轮的压力过大或不足（正常压力在 400~600 克）；四、电机转速不正常（正常转速每分钟 2400 转左右，误差不能超过 3%）。

收录机为何不能边走边听

收录机边走边听之所以不好，是因为：（1）收录机在摆动的情况下工作，机内元件焊点容易脱落；（2）收录机在偏值的情况下转动，会加速机件的磨损，容易使轴心松动而发生故障；（3）收录机摆动时，录音带脱落的磁粉，容易从侧面进入磁头和机件缝隙，影响录音和放音质量，严重时会使机件失灵；（4）马路上灰尘多，进入机器内部，也会影响机器正常工作。

盒式录音机不用时要拔掉电源插头

盒式录音机没有高压交流电源控制开关，只设有供机器工作使用的低压直流电源控制开关。而当录音机在停止使用时，虽然低压直流电源已被切断，但仍有电流通过，时间长了，既消耗电，又不安全，甚至会烧坏变压器。因此，在不用录音机时，应把电源插头拔下来。

能将声音录下来的磁带

磁带上有磁粉。它是很细的粉末，均匀地涂在带基上，它在磁带录音时起很大的作用。磁带是利用磁化现象来记录声音的，磁化就是用没有磁性的物质去接触有磁性的物质，但它很容易被磁化。在录音时，声音先通过话筒转变成电信号，然后把电信号加在录音磁头上，最后，磁头对磁带再进行磁化，把电信号转变成磁信号记录在磁带上，这样，就把声音录到磁带上了。

出现重音的录音磁带

录音磁带叠得很紧，放的时间长了，分层磁带之间磁性信号会互相感应，放唱时，就会出现重音现象。再有，如果录音机使用时间较长，而没有及时清洗磁带头和橡胶滚轮，磨损的磁粉会通过磁头或橡胶滚轮粘附在磁带上，这也会造成重音。

电冰箱的门为何能关得很严实

这是因为在冰箱门的胶皮垫圈里，包有一圈磁铁。当把门关上的时候，磁铁就会牢牢地吸在铁门的门框上。再加上胶皮垫圈的作用，就使冰箱门关得又牢又严实了。

冰箱不能倾斜放置

在电冰箱的压缩机底部装有润滑压缩机的冷冻机油。如果将电冰箱倒立或横放，冷冻机油就会进入蒸发器内，影响蒸发器的制冷效果。另外，压缩机是用三只拉簧吊装在一个密封的容器内的，冰箱倒置或倾斜时，会使拉簧脱出，影响压缩机运转，甚至损坏机件。

洗衣机上要接地线

导体尽管有绝缘物保护着，但也有老化、破损的可能。一旦老化、破损，电就要泄漏到外壳上来。人体如果接触带电的外壳，电流便会从人体通过而发生触电事故。

为了防止触电事故，所以在洗衣机的外壳上接有一根导线（地线）插入地下，这样，就能把洗衣机和大地联接起来，如果发生漏电，电就会顺着导线进入地下。这样，就不会发生触电事故了。

洗衣机为什么能洗净衣服

洗涤剂可以去污洗净衣服。而洗衣机之所以能洗净衣服，除了洗涤剂的去污作用，很重要的是通过涡轮机的旋转，使洗涤剂和衣服之间，衣服和衣服之间，衣服和筒壁之间发生摩擦、碰撞，产生类似人工搓洗、摔打的作用，把衣服洗净。另外，衣服在洗衣筒中转动时，会产生离心力，从而使衣服上的污垢进一步被甩掉，脱落洗净。

发热的电风扇

在电风扇工作时，有比较大的电流通过。电流通过电扇时，大部分电变成了推动电扇叶转动的机械能，但还有一部分电能则以热能消耗在电风扇的电动机上。因此，电风扇连续工作的时间长了，会使机壳发热，甚至烫手。如果热的时间长了，会烧坏电机，因此，电风扇工作一段时间，就应停下来，让它散散热。

能降低室内温度的空调

空调机之所以能源源不断吹出冷气来调节室内温度，它制冷原理与电冰箱的原理是相同的。它吸入室内的热空气后，把它冷却，然后吹进室内。这样，就可以把室内温度降低了。

能吸尘的吸尘器

在吸尘器里安装有一个小型电动机，接通电源后，它就带动风叶轮高速地转动起来，把吸尘器里的空气赶出来。里面的空气少了，空气的压力就小了。这时，外面的空气就通过吸尘器上的进风口带着尘土一起进入吸尘器。这样，吸尘器就会吸尘了。

打电话声音不要太大

我们常用的电话是炭精式话筒，里面装有颗粒状的导电炭粒。炭粒上盖有一层振动膜，发话人以正常声音说话时，振动膜随着话音的高低、强弱，振动得很协调、合拍，对方也就听得很清楚。相反，说话声音太大，振动膜就不能很好地随着音波的振动传送话音电流，使声音失真而听不清。所以，打电话声音不要太大。

不能在煤气泄漏的室内打电话

煤气是容易燃烧的气体，遇到明火就会燃烧。打电话会有电火光。如这时打电话，煤气进到电话机里，就会燃烧发生煤气爆炸。所以，煤气泄漏时不能在室内打电话求救。

看不见的电荷

其实，任何物质体内都有正负两种电荷。因为摩擦或其他原因，可以使物体内的某一种电荷增多。所谓电，就是物体内聚集的某种电荷。这种电荷，称为静电，在导体中流动的电荷，称为电流，电荷非常小，所以肉眼根本看不见。

九、日常用品

铅笔写字不能舔笔芯

铅笔芯没有毒。因为铅芯是石墨和黏土制作的。不过，写字时，空气中的细菌会落到笔芯上，纸上的细菌必会沾到笔芯上。这些细菌跑进嘴里，会使人生病。所以，写字时，不要用舌头舔铅笔芯。

铅笔芯的软硬

到商店买铅笔，要知道铅芯的软硬，只要看笔杆上的拉丁字母。笔杆上印着一个"B"字的，是软铅；印着"2B"的，又要软一些……笔杆上印着一个"H"字的，是硬铅；印着"2H"的，又要硬一些……如果笔杆上印着"HB"，说明铅芯不硬也不软，它正适合小朋友写字、做演算。如果要用来画画，那就买"6B"的，这是图画铅笔。

自来水笔杆上的小孔

这是给自来水笔透气用的。因为人体是热的，特别是冬天，自来水笔插在口袋里，身上的热气会把笔烘热，笔胆里的空气也就会因热而膨胀，把墨水挤出来。笔杆顶上有了这个小孔，好让热空气跑出来。这样，自来水笔也就不会漏水了。

圆珠笔为何能写出字来

在圆珠笔的笔芯顶端有个铜头，里面装有一个铜的小圆珠子，写字时，油墨流出来，沾在小圆珠上。小圆珠在纸上一滚动，就在纸上留下了墨迹。这样，字也就写出来了。

毛笔头是用什么毛制作的

一般来说，写大楷、中楷的笔头用的是羊毛或兔毛，而大多数是兔毛；写小楷的笔头用的是黄鼠狼的尾毛。另外，还有一些专为书画家们特制的毛笔，它们的笔头是用鹿毛、狐狸毛、老虎毛，甚至还有用老鼠胡须制作的呢。

能擦掉铅笔字的橡皮

我们用橡皮擦铅笔字的时候，橡皮面和纸面发生摩擦。这样，橡皮就把纸最上面的一层纤维擦掉了。于是，铅笔字迹也就跟着这层纤维一起擦下来了。所以，准确地说，我们擦掉的不是铅笔字迹，而是纸的纤维。

白纸时间长了会变黄

图书的纸张是用木材、芦苇等原料制成的，含有大量的木质素。在造纸过程中，用漂白粉经过漂白，所以新的纸就成雪白的了。但是，木质素是具有还原性的物质，在长期和空气接触后，容易被氧化，还原变黄。因此，图书时间长了，也就变黄了。

不同牌子的墨水不能倒在一起混用

制造墨水的原料有两种：一种是酸性染料；再一种是碱性染料。如果两种牌子是两种性质的墨水，混到一起，就会（中和）产生沉淀物，墨水变淡，不好用了。所以不同牌子的墨水不能混合到一起。

手表上发条不能来回拧

反向转动表把时，离合轮端面的锯齿就会与立轮端面的锯齿发生"打滑"，日久天长，就会加快离合轮与立轮端面锯齿的磨损，影响表的寿命。

正确的办法是：上发条时，首先把表把反向转动一下，然后再轻轻地正向转动表把上发条，直至上紧为止。

会变色的变色镜

在变色镜的玻璃镜片里含有一定量氯化银和增感剂以及铜的成分。在短波光的条件下可分解成银原子和氯原子。氯原子无色，银原子有色。银原子的集聚能形成胶体状态，这就是我们看到的镜片变色。阳光越强，分离的银原子越多，镜片的颜色就越深。阳光越弱，分离的银原子就越少，镜片的颜色就越浅。室内没有阳光直射，所以镜片也就变得无色了。

锁底的小孔

这个小孔叫漏水眼。因为铜挂锁、铁挂锁常常是在室外使用，下雨时，雨水会从两个朝上的锁梁孔中流入锁底内部，使锁内零件生锈，不易打开。锁上有了这个小圆孔，漏进的雨水就会从眼里及时流出去，起到保护锁内零件不被腐蚀、生锈的作用。

不要用塑料袋装茶叶

用塑料袋装茶叶，并不能达到防潮、保味的目的。因为塑料袋含有毒的化学物质，对人体有害，而且密封性也不好，香味容易散失，甚至串味。

能保鲜蔬菜的塑料袋

蔬菜（水果）采摘下来后，并不停止呼吸。同时，还会产生一种叫乙烯的气态物质，促进蔬菜的呼吸作用，加速它的熟化，因此不能保存较长的时间。

当蔬菜贮存在塑料袋内后，由于蔬菜的呼吸作用，会逐渐降低袋内氧气的含量，二氧化碳增加，这时，袋外的氧气就会透过硅橡胶薄膜自动向内补充，同时，使袋内产生的乙烯和二氧化碳透过硅橡胶薄膜，很快向外自动溢出，使袋内氧和二氧化碳的含量控制在一定的范围内，从而延缓蔬菜的熟化速度，使蔬菜能贮存较长时间。

能保温的热水瓶

热水瓶胆是用两层玻璃，中间抽掉空气做成的，也就是中间是真空的。这样，就不会向外散发热气。另外，在瓶胆上涂有一层水银，它能把散发出去的热气挡回来。所以，热水瓶能保温。

保温杯为何泡茶不好

　　用保温杯泡茶，茶水较长时间保持高温，会使茶叶中一部分芳香油跑掉，使香味减少。同时，浸出的柔酸和茶碱过多，茶水太浓，味道变得苦涩，再是维生素 C 和 D 等，在 70℃以上，破坏损失得也较多。所以，用保温杯泡茶不好。

气压式保温瓶的原理

　　气压式保温瓶是根据空气压缩原理设计的。它的压水机构是由揿压器、气泵、瓶塞、排水管和出口管组成。气泵下面的气眼与瓶塞的孔眼相对吻合，使用时，当手用力揿压顶部的揿压器，就会把气泵中的空气通过瓶塞的孔眼压进瓶胆内，使瓶内的空气受到压缩。这样，就会使瓶内的水从排水管经瓶嘴自动流出来了。

茶壶盖上的小眼

壶盖上这个小眼是用来帮助茶壶往外倒水的。因为壶盖上有了这个小眼，倒水时，空气就能从小眼里钻进茶壶里，把水压出壶嘴。如果没有这个小眼，壶里的水没有压力，水就倒不出来了。不信，你把壶盖上的小眼堵住了，试试看。

玻璃杯为何做得很薄

一切物体都有热胀冷缩的特性，玻璃杯也一样。玻璃在盛开水时，温度常常会达到 100℃ 左右，而玻璃又是热的不良导体，导热性只有钢铁的 1/400。玻璃杯内倒进热水后，玻璃杯内壁受热和膨胀比外壁来得快，会产生很大的向外膨胀力，从而使杯子破裂。玻璃杯做得薄一些，内外壁玻璃受热和膨胀均匀，就不易破裂。所以，玻璃杯做得比较薄。

不平的水壶底

先用一张纸来回折了几下，打开后，就像水壶底一样，出现几道凸凹不平的道道，面积比平整时的纸小了，壶底就像这样的纸一样，所以不平，是为了增大壶底的面积，使底面接触更多的热（火）。这样，不仅水能开得快，而且还能节省热能（煤火或煤气）。

能升降的寒暑表

寒暑表上的玻璃管是真空的，里面装的是水银。水银和其他许多物质一样，有热胀冷缩的特点。在温度升高时，它就膨胀上升，而当温度下降时，它就会缩小下降，所以随着气温的变化，水银柱就自然地上升或下降。

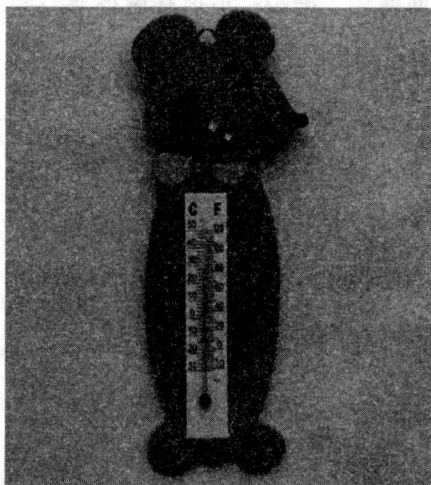

体温计的水银柱不能自己下降

温度计和体温计玻璃管的内径不一样。一般温度计玻璃管的内径是一样大小的；体温计玻璃管的内径大小却不一样，在水银柱和水银球相接的地方特别细。当体温计放到腋下（或嘴里）受热的时候，水银球里的水银受热膨胀，它就从狭窄的口子里挤上去。可是，当体温计从腋下取出来以后，水银受冷，以及它本身的内聚收缩作用，就使水银柱在玻璃内径特别狭的口子处断成两截，指示体温的一截留在上面了，而且由于它自身的内聚力的作用不会流到水银球里了。

苍蝇拍上的网眼

苍蝇身上的毛和刺上有着数不清的感觉细胞，它的灵敏度很高，哪怕是微弱的温度、湿度、气流的变化也能感觉到，一旦发现不祥之兆，便会在千分之一二秒的时间内逃离险境。苍蝇拍上有了许多网眼，空气可以通畅地穿过，扇不起气流，只要我们看得准，下手快，能不使苍蝇觉察就把它打死了。

睡竹席为何凉快

在同一环境中，竹席和草席的温度是一样的。之所以感到草席比竹席热，主要是草席上有许多细微的小孔，里面藏着不容易流动的空气，散发热量的功能差，当人睡在草席上时，人的热量不易散发。相反，竹席基本上没有细微的小孔，散热能力大，所以感觉很凉快。

铝锅为什么怕盐酸食物

铝锅里（铝制饭盒等容器）如果过久存放咸的东西，铝锅受空气氧化后生成的氧化铝薄膜长时间与盐水接触，会使氧化铝分散溶解成胶体溶液。铝合金中所含的杂质也会帮助盐水侵蚀与溶解，使铝锅失去保护膜而容易损坏。

火柴一擦就着火

火柴之所以一擦就能着火，是因为在火柴杆上粘着三硫化二锑和氯酸钾，盒子上涂着红磷，这些化学药物都是可燃的。当你把火柴在火柴盒边上一擦的时候，火柴头上的氯酸钾也受热而放出氧气，同时放热，它们很快地引燃了三硫化二锑。于是，火柴就"嗤"的一声，爆出火苗来了。

肥皂晒干了有什么不好

因为肥皂在太阳下曝晒后，肥皂会干缩开裂，把碱分离出来，生成"白霜"，从而降低肥皂的去污能力和耐用程度。因此，肥皂不能放在太阳下曝晒，最好放在阴暗处，让它"阴干"到手指触压不出坑就可以了。

洗衣粉不能用沸水冲调

因为洗衣服水的温度低，冲调洗衣粉的水温度太高时，合成洗衣粉中的皂质遇冷凝缩，减少泡沫，这样也就会降低去污作用。因此，在使用合成洗衣粉时，冲调合成洗衣粉的水温不要太高，一般应以50℃左右为好。

明矾能净水

明矾是一种无机化合物，主要成分是硫酸钾和硫酸铝，遇水即能溶解而成氢氧化铝胶体溶液，胶粒带正电荷而浮在水中。

一般浑浊的天然水，含有负电荷的浮悬离子和胶粒，当明矾加入水中以后，这两种带相反电荷的离子，则互相吸引产生凝结，使胶粒集聚长大而沉淀，所以，水就被净化了。

斧子背厚刃薄

斧子是利用物理学上"劈"的原理制造的，斧背厚可以加大重力的作用，劈木材就快，省力。斧刃薄，就锋利，劈木材也就更快，更省力。另外斧背厚，还可以用来敲击东西（如钉钉子）。

鞋底上的花纹

大家知道，我们之所以能在地上走路，全靠鞋底和地面的摩擦力。如果鞋底很光滑，那就会像在冰上走路一样，打滑走不动，甚至还会滑倒。所以，鞋子底上的花纹是用来帮助人们走路的。

十、体育运动

奥运会的产生

奥运会，是由国际奥委会组织的综合性运动竞赛会。起源于古希腊的竞技会。第一次古代奥运会是于公元前776年，在希腊奥林匹亚举行，以后每隔四年举行一次，后被罗马皇帝禁止了。到了1894年，在法国人顾拜旦的倡导下，在巴黎举行了首次国际体育大会，正式成立了国际奥委会。第一次现代奥运会于1896年在希腊雅典举行，以后每四年一次，轮流在各会员国举行。

2008年北京奥运会，是世界第29届奥运会，世界体育健儿云集，不少国家元首也都亲自前来参加观光。这充分显示了我们国家的强大、繁荣和富强！

奥运会的五环旗

奥运会上的五环旗是根据现代奥林匹克运动会创始人顾拜旦的建议和构思制作的。旗上五个不同颜色的圆环代表五大洲，连接在一起象征运动员以公正、坦率的比赛和友好精神，在运动会上友好相见。

奥运会圣火

奥运会上燃烧圣火，至今已有两千多年历史了。点燃圣火的仪式是伴随着古代奥运会延续下来的，是奥运会开幕式上一项不可缺少的仪式。后来，1928 年，奥委会正式通过决议，在奥运会上点燃圣火台上的火炬，以火炬的燃烧与熄灭来象征开幕和闭幕。

剧烈运动前要做准备活动

人体从安静状态到剧烈运动，需要有一个适应过程，否则各器官系统的功能不能发挥，运动将受到影响。另外，体育活动时思想不集中，不但锻炼效果不好，还可能因各器官突然进入剧烈状态，发生伤害事故。

剧烈运动后要做整理活动

剧烈运动后，人体器官的机能，都处于紧张状态，做一些放松活动，能使人体由剧烈活动的状态，逐渐恢复到安静状态。大家知道，剧烈运动是在缺氧情况下进行的，体内积累了一些代谢物，需要在运动后继续增加氧的供应，才能逐渐消除。因此，在剧烈运动后，必须做一些放松动作和调整呼吸的动作，使身体得到恢复。如果不做整理活动就突然停止下来，会影响呼吸动作，降低氧气的补充和二氧化碳的排除，疲劳也就不能尽快地被消除。

体育锻炼能使运动系统有力

体育锻炼能加强血液循环，促进营养物质的供应，从而使骨骼生长发育得强壮结实，使肌肉变得健壮有力量。经测定：同是 14 岁的男学生，经常锻炼的学生身高 165.75 厘米，握力 40.04 千克，背力 92.18 千克；一般的学生身高 156.26 厘米，握力 29.59 千克，背力 77.63 千克，与经常锻炼的学生身高差 9.49 厘米，握力差 10.45 千克，背力差 14.55 千克。

体育锻炼能增强呼吸系统的机能

呼吸系统是进行气体交换的场所，由鼻、喉、气管和肺组成。体育锻炼中肌肉运动增强，要消耗大量的氧气，排出大量二氧化碳，这就促使呼吸系统加倍工作。因此，经常参加体育锻炼，呼吸肌肉逐渐发达，强壮而有力，呼吸功能大大提高，胸腔也扩张得更大，肺通气量增多，从而增强呼吸机能。

体育锻炼对心血管系统的机能有好处

在体育锻炼中，由于体内能量消耗增加和代谢物的积累，都需要加快血液循环，以适应活动的需要。这就使循环系统得到锻炼，心脏的容积增大，心率减慢，从而使心血管系统的机能得到改善。据测定，同是 13 岁的男学生，每分钟脉搏次数：经常做体育锻炼的学生为 77.16；一般学生为 83.73，两人相比差数为 6.57。同是 14 岁的女学生，每分钟脉搏次数：经常做体育锻炼的为 79.17；一般学生为 85.52，两人相比差数为 6.35。

体育锻炼能改善神经系统的机能

神经系统是人体活动的指挥中心和联络网。由中枢神经和周围神经组成。在体育锻炼时，由于运动中枢神经高度兴奋，能够使周围神经产生强烈的抑制，使其他神经细胞得到良好的休息，从而提高工作效率，有利于提高学习效果。

体育锻炼能使人健美

体型健美一般有三个要素：身高、肌肉发达和皮肤红润。骨骼的生长需要有足够的维生素 D，经常在户外锻炼。由于紫外线的照射，能使皮肤中的麦角酶转化为维生素 D，从而促进钙和磷的吸收，使骨骼生长发育。体育锻炼能使肌肉纤维变得粗壮、结实、有力，从而使肌肉丰满，健壮有力，给人以健美的感觉。经常受日光照射和寒风的刺激，能促进皮肤新陈代谢的加快，血液畅通，水分和皮脂增多，面孔红润有光辉，从而给人以健壮的美感。

劳动不能代替体育锻炼

参加劳动时，身体经常处于一种固定的姿势，时间久了，就会感到劳累。但是，如果在劳动之余做做广播体操、打打球、跑跑步，就可以使劳动中活动少的部位得到锻炼。

经常参加体育锻炼，还可以促进骨骼的血液循环，改善骨骼的营养条件，从而使骺软骨经常处于旺盛状态，有利于身体素质全面增强，达到健壮的目的。

赛跑起跑时要蹲下身体

短跑比赛的距离短，一起跑就得用最快的速度一口气跑到终点。要是起跑时慢一些，再追就晚了。蹲下身子再猛地站起来，人的腿会产生一股弹力，使运动员一下跑得很远。相反，要是站着起跑，人的腿使不上劲，比赛就会吃亏。因此，短跑比赛时，起跑要蹲下身体。

弯道跑时身体要向里倾斜

在弯道跑时，为了克服向前做直线运动的惯性，必须改变身体姿势，向里倾斜以产生向心力。这样，有利于沿弯道迅速向前跑。

中长跑比赛一般都安排在下午

一天之中，运动员最大吸氧量的最高点在下午6时左右，最低点在上午6~10时左右。将800~1500米中长跑比赛安排在下午，有助于运动员创造更好的成绩。

变速跑的好处

变速跑不仅能丰富锻炼内容，增加跑步的兴趣，而且可以提高人体机能的能力。因为在慢速跑时，肌肉活动不很激烈，吸入的氧气就可以满足肌肉活动的需要。这时，肌肉活动所需要的能量是靠氧的代谢来保证的。而当转入快速跑时，肌肉物质代谢对氧的需要大大增加。这时，由于身体的呼吸和血液循环机能的限制，不可能满足运动时对氧的需要，于是只能靠无氧代谢来供给肌肉活动所需的能量了。因此，变速跑不但能像匀速跑一样能有效地提高肌肉有氧代谢的能力，对一般耐力的发展有好处，而且，也能积极地改善肌肉进行无氧代谢的能力，能提高速度和速度耐力的素质。

不要穿牛仔裤跑步

跑步时，随着心跳加快，血管也膨胀充血，以满足周身的供血，但紧身的牛仔裤束缚了整个下身，严重地阻碍了血液循环，造成供血不足。而且，跑步时，排汗加剧，带走体内由运动而产生的热量。穿上质地厚密的牛仔裤，会阻碍正常排汗，容易使分泌系统的功能紊乱。同时，诱发湿疹之类的皮肤病。另外，激烈的运动会使身体与衣物频繁摩擦，质地较粗的牛仔裤更使摩擦加剧，极易造成皮肤损伤。

不要雾天跑步

雾是水汽凝结成的。它悬浮在低空，里面含有酸、碱、盐、胺、苯、酚等各种有害物质和病菌。人在跑步的时候，呼吸加快加深。如果经常在雾中跑步，过多地吸进这些有害东西，就可能引起气管炎、肺炎、鼻炎等疾病。

不要在柏油路上跑步

柏油马路的路面板硬，身体的反作用力很大，腿的负荷加重，虽然膝和踝关节的周围覆盖一层软骨，具有弹性，但由于人在跑的时候，身体的整个重量和冲力都由膝和脚踝来承担。这层软骨不易缓和在柏油路上的震动和冲击，容易使脚掌疲劳，弹力下降，关节夹受到损伤。长此下去，轻则会引起膝踝关节疼痛，重则容易得关节炎，严重的可使骨膜发炎，因此，跑步最好在运动场、公园或松软的田野上进行。

在湿沙滩上跑步为什么快

干松的沙滩上，沙粒松散，会把脚埋起来，跑一步，拔一步，费时又费力。而潮湿的沙滩上，沙粒被水吸附着，板结，不易把脚埋起来，跑起来省时又省力。所以，在湿沙滩上跑比干沙滩上跑要快得多。

投掷铁饼要迎着逆风

铁饼在空中飞行时，它的面与它前进的速度方面有着一定的夹角。空气除了会对铁饼产生阻力，还能使铁饼获得一定的升力，这两个力的大小与飞行的相对速度平方成正比。因此，铁饼迎着逆风飞行时，由于飞行的相对速度较大，因而空气对铁饼产生的阻力也大，获得的升力也较大。而升力能起着延长飞行时间的作用，这就能使铁饼掷得远一些。当然，逆风的风力也不能太大，否则，空气阻力的影响将会大大超过升力带来的好处，影响成绩的提高。

掷手榴弹时要向前跑一段路

这是为了使手榴弹在出手以前，就有较高的运动速度，再加上运动员有力的投掷动作，手榴弹就能更有力地飞向远处（投掷标枪也是一样）。

掷铁饼时运动员要旋转身体

　　它的目的和投掷手榴弹助跑一样，为了使投掷的铁饼掷得更远。而掷铁饼时，运动员是被规定在投掷区圈内进行投掷的，不能像投掷手榴弹那样进行助跑。为了使铁饼在出手前能有一定的运动速度，运动员就采用了在原地转体的投掷动作。这样，就可以加快铁饼的出手速度，提高投掷远度。同时，还可给予铁饼一定的转速，使它在空中运行时保持它的轴向，减少空气阻力。

举重为何要大喝一声

　　正常人体在骨盆以上的躯体，上肢及头颈，包括所持重量，都承受在脊柱上，并由其周围的肌肉保持平衡。举重运动员当举重过顶时大喝一声，其实质是在发声之前有一个深吸气的动作，然后把气屏住，使胸腹、腰背肌肉及膈肌强烈收缩。这时，这些部位就变为较坚实的"实体"，与脊柱融为整体，能使受力面积明显增加，起到稳定、支持和减轻脊柱压力的作用。

举重运动员的肌肉特别发达

这是因为举重运动员在训练中，由于肌肉的有力收缩，肌肉里的新陈代谢会大大加快，使肌纤维中的收缩蛋白和能源物质大量消耗，训练结束后，被消耗掉的物质会得到超量的补充。因此，肌纤维的收缩蛋白和能源物质就会日益增多，约有70%的快肌纤维会产生肥大反应，使肌肉的体积不断加大而发达起来。

排球运动员在防守时要分腿半蹲

因为这样有利于防守。据测定，一般情况，从判断到作出相应反射动作的时间，男子约0.33秒，女子约0.34秒，略快于防守来球所需要的时间。所以，运动员往往采用分腿、半蹲、上体前倾、弯腰抬头的准备姿势，使全身处在有利起动的待发状态，从而赢得更多的时间，去捕捉各种有速度、有力量及变化的来球。

滑冰运动员直立旋转能快能慢

这是因为人体在直立旋转时，身体各部分的质量距转动轴的距离是不同的，当手脚伸开时，其质量分布离转动轴距离就大，转动惯量就会增快。此时，人体的旋转速度就会减慢，当分开的手、脚收拢时，其质量分布离转动轴距离就小，转动惯量也随之减少，人体就会旋风似的急转起来。花样滑冰运动员（芭蕾舞演员）就是利用这个道理，在直立旋转时表演出忽快忽慢的旋转动作。

运动后不宜大量喝水

因为运动期间胃肠的血管处于收缩状态，血液供应暂时减少，如大量喝水，吸收能力减弱，水分积在胃肠里，会使人感到胃部沉重闷胀。再就是运动后，心脏由于负担减轻，需要休息，如大量喝水，一部分水吸收进血液后，循环的血量增加，会增加心脏负担。另外，由于运动出汗，如大量喝水，一部分水又会很快变成汗继续排出体外，带走一部分盐分，使体内的盐分更加缺乏。

登山运动员为何要戴墨镜

高山上，太阳光的辐射特别强烈，阳光里的紫外线和红外线也就特别多。眼睛是人体最灵敏的感光器官，强烈的紫外线和红外线照射在眼睛的视网膜上，能灼伤网膜的视觉细胞，引起视力减退，严重的甚至完全失明。因此，为了保护眼睛，登山运动员都必须戴上能吸收红外线、紫外线的含有氧化铁和氧化钴的墨色眼镜。

运动员的钉子鞋

田径运动员的鞋底上装有钉子，赛跑时会增加鞋底与地面之间的摩擦力，使运动员足部蹬地时更有力，地面给运动员的反弹力也更大，能助运动员一臂之力。同时，在前进中，能使运动员始终保持稳定，不易滑倒。

睡前不要剧烈运动

睡觉前进行剧烈的锻炼，会使大脑皮层处于兴奋状态，影响正常的睡眠。这样久而久之，不仅达不到锻炼身体的目的，相反会影响健康，甚至使肌体的抵抗力下降而发生疾病。当然，睡前作些轻微的活动，如散步、打太极拳等，还是大有好处的。

深呼吸有害健康

人脑、心脏、肾的细胞，平均需要空气中有7%的二氧化碳和2%的氧，而空气中氧的含量多，二氧化碳少。人在深呼吸时，吸进的氧气多，相比之下，二氧化碳就更少。这样，由于二氧化碳不足，会使体内酸性化合物减少，碱性化合物增多，从而破坏正常的新陈代谢作用。所以深呼吸不好。

十一、餐饮食品

粗粮的营养

粮食的营养物质，多含在表皮和胚芽中。但在粮食加工时，细粮如大米、面粉，都要经过脱皮，几次碾磨，好多营养物质被磨掉了。而粗粮如高粱、苞米的表皮较厚，加工也比较简单，营养物质损失的少。所以，粗粮有营养，我们经常吃点粗粮好。

不要吃水泡饭

开水泡饭之所以不好，是因为它减少了咀嚼过程。原来食物首先经过牙齿的咀嚼，让腮腺、颌下腺、舌下腺分泌的唾液均匀地掺合到食物中去，使淀粉酶充分地发挥作用，把淀粉变为麦芽糖进行初步的消化，再进入胃肠。但是开水泡饭由于它松软，不用细嚼，不经过初步消化就到胃里，这就增加了胃肠的负担，食物中的养分也不容易被全部吸收，时间长了，免不了会引起慢性胃病。

馒头为何会发大

因为面肥（或发酵粉）有酵母菌，在面发酵过程中，它会使面团里的淀粉变成葡萄糖，并产生出二氧化碳，使面团里出现许多细孔。当蒸馒头时，二氧化碳受热膨胀，将小细孔撑得更大，所以蒸熟的馒头就发大了。

面包比馒头有营养

因为面包在制作时，加有糖、油脂等成分，而且经过两次发酵，由于酵母菌的繁殖，分泌出各种氨基酸、蛋白质和其他营养物质，因此有较丰富的营养，同时，由于面包经过两次发酵，可消化率达95%以上，容易被人体消化吸收，发热量也比馒头高得多。而馒头在制作时，不加糖和其他营养物质，而且只是一次发酵，可消化率只有90%左右，所以面包的营养价值要比馒头大。

面包的酸味

这是因为在制作面包时，游荡在空气中的醋酸菌、乳酸菌混进了面团，遇上高温和长时间发酵，就会产生大量的醋酸菌，再经过烤制，吃起来就有酸味了。

年糕要泡在冷水里

年糕主要成分是米淀粉，它的分子结构有直链与支链两种。直链分子卷曲紧密，但粘性差；支链分子粘性很强，显得软糯。年糕在加工中会有继发性膨润、糊化及老化，但直链分子因粘性差，干放时间长了，容易干硬龟裂。为了防止干硬龟裂，又能使年糕变得软糯，便于烹饪加工，因此，要将年糕浸泡在冷水中。

吃地瓜会胀肚

有些人吃了地瓜，会感到胀肚、烧心、吐酸水，这是因为地瓜里含有"气化酶"的缘故，它在人的肠胃里能分解产生大量的二氧化碳，肚子里的气体一多，当然会发生胀肚。预防的办法是：吃地瓜时，吃点鲜萝卜、咸菜或青辣椒就好了。

吃饭不吃蔬菜为何不好

因为蔬菜中不仅含有很多心脏跳动不可缺少的盐，而且铁的含量也很丰富，可以预防贫血。蔬菜中的维生素 C 和果胶能降低胆固醇。另外，蔬菜中的纤维素能刺激肠胃蠕动，所以，蔬菜还有减肥作用。

肉烧焦了不能吃

肉类含有丰富的蛋白质和脂肪。肉烧焦后，其中的高分子蛋白质就会裂解成为低分子的氨基酸。这些氨基酸再结合，常常会形成有害的化学物质。另外，脂肪的不完全燃烧会产生大量的苯并芘霉素，人吃后会影响身体健康，所以，烧焦了的肉不能吃。

淋巴结肉不能吃

根据科学家统计，猪身上有 190 个淋巴结，牛身上约有 300 个。淋巴结中的淋巴细胞对病源微生物和病毒等有害物质起着过滤和吞噬的作用。所以，淋巴结本身也往往积蓄着各种细菌和病毒，有时，虽经高温处理，也杀不死这些致病微生物。因此，人食用淋巴结肉后，很容易得各种疾病。所以淋巴结肉不能吃。

刀剁肉馅更鲜美

肉的营养物质都溶解或悬浮在肉细胞的水分中，当肉在绞肉机里被绞成肉糜时，肉细胞就会被挤压破坏，肉汁外流，使肉糜里的营养物质大量流失，使肉失去本身所具有的鲜美味道，而用刀剁肉，肌纤维所受到的挤压不均衡，肉细胞被破坏的较少，在肉糜中仍保持有一定的肉汁。所以，刀剁的肉馅比绞肉机绞的肉馅鲜美。

死鳝鱼不能吃

鳝鱼的营养非常丰富，每100克中含有蛋白质18.8克，在蛋白质的构成中，含有大量组氨酸。但是，鳝鱼死后，体内的蛋白质就会迅速分解。细菌也乘虚而入，有一种细菌专爱袭击组氨酸，并将组氨酸转成组胺，这是一种有害物质，当组胺数量达到一定程度后，人吃了就会中毒。发生头疼、心慌、胸闷、呼吸急促、心跳加剧、血压下降，甚至哮喘、腹泻、恶心、呕吐、四肢麻木、风疹等。

死蟹不能吃

螃蟹含大量的组氨酸，营养极其丰富。但是，蟹死之后，组氨酸即成为各种细菌的营养基，若被脱羧酶作用较强的细菌所污染，就会使组氨酸变成组胺，而组胺对人体是有害的。蟹死的时间一长，组胺必骤然增加，人吃了后容易发生食物中毒。轻者吐泻痛苦，重者危及生命。所以，死蟹绝对吃不得。

皮蛋比鸭蛋有营养

这是因为在皮蛋的腌制加工中，由于碱液渗透入蛋内，不仅不破坏原有的蛋白质、脂肪、维生素 A 和 B$_2$、硫胺素、核黄素、钙、铁、磷等营养成分，而且能使蛋白质变性分解成氨基酸。因此更容易被人体消化、吸收和利用。据测定：每 100 克可食皮蛋中，氨基酸的含量高达 32 毫克，为鲜鸭蛋的 11 倍，氨基酸的种类也多达 20 种。

绿豆芽太长为何不好

绿豆芽在发芽过程中，绿豆中的蛋白质会转化成天门冬素、维生素 C 等成分。据化验，每 100 克绿豆芽中维生素可达 30 毫克。又据试验，当豆芽超过 10~15 厘米时，绿豆中的蛋白质、淀粉及脂类等营养物质将损失 20% 左右，所以绿豆芽短的比长得好。

热的食物好吃些

因为食物只有被溶解时，才能感觉出味道。一般来说，食物在溶液中被溶解成浸润时，温度越高，分子运动才会激烈，溶解也就会越迅速，这就能增加味蕾与食物分子接触的机会，使大脑对味道作出的反应能更全面更具体。所以热的食物要比冷的食物好吃些。

大蒜生吃好

生大蒜中有一种挥发性的植物抗菌素——大蒜素，它能杀灭很多病原菌，能治疗胃肠病、皮肤化脓症、溃疡性口腔炎等。有人曾做过这样的实验，把一小瓣生蒜放进嘴里嚼一嚼，就可以杀死口腔的全部细菌。另外吃生蒜还有帮助消化和促进食欲的作用。如果把大蒜炒熟了，随着烹饪过程，大蒜素会因受热而挥发。这样，就起不到杀菌和治疗疾病的作用。至于嘴里有味，只要咀嚼一点干茶叶就会消除了。

吃水果为啥代替吃蔬菜

这是由于水果和蔬菜所含的糖类和作用不同。水果中所含的碳水化合物主要是蔗糖、果糖、葡萄糖之类的单糖和双糖。当它们进入人体后，只需稍加消化或不需消化就能被小肠很快吸收，有及时供应能量的长处。但是，如果吃的水果含糖量过多，会使血液中血糖浓度骤增，不利于身体健康。而大多数蔬菜所含的碳水化合物是淀粉一类的多糖。需经人体消化道内各种酶水解成单糖后，才能慢慢地消化和吸收。因此，不会引起体内血糖浓度的大幅度波动，而且，一般水果所含的维生素 C 和矿物质都不如蔬菜多。

不宜空腹吃西红柿

人体在空腹状态，胃酸分泌量较多。而西红柿含有大量的胶质、果质、柿胶酚及可溶性收敛剂等成分，这些物质起化学反应，生成难溶解的"结石"。如果空腹过多地进食西红柿，"结石"就会堵塞胃的幽门出口处，使胃内压力升高，造成急性胃扩张，使人发生胃胀、胃痛、胃不适等症状，因此，空腹不宜食西红柿。

多吃糖不好

据科学家研究：人体血液中的胆固醇和中性脂肪的增加会引起血管硬化。胆固醇主要来源于动物性食物，而中性脂肪则主要来源于砂糖。当一个人每天砂糖摄入 60 克时，血液中的中性脂肪会超过正常值，这些中性脂肪随着血液来到冠状动脉，就沉淀在动脉壁上，日积月累就会导致心肌梗塞。因此，一些营养学者告诫人们，每天砂糖的摄入量不宜超过 50 克。

巧克力不能多吃

巧克力是甜食，吃多了会影响食欲，不爱吃饭。巧克力含糖和脂肪较多，多吃会使人发胖。另外，巧克力中含有使人兴奋的物质和引起便秘的物质，影响身体健康。所以，巧克力糖不能多吃。

发酸的牛奶不能喝

酸牛奶是新鲜牛奶，经过杀菌消毒，加入适量的白糖，再接种对人体无害的乳酸菌，经过发酵制成的。它具有较高的营养价值。发酸的牛奶是鲜牛奶存放时间过长，或天热腐败变质，而变酸发臭。发酸了的牛奶中有大量的微生物、杂菌和腐败菌，它们能分泌一种毒素，对人体有很强的致病作用。所以，酸牛奶可以喝，而变质发酵的牛奶不能喝。

糖精不可多食

因为糖精并不是糖之"精"。它是用化学物合成的甜味剂，主要成分是糖精钠，甜度相当于蔗糖的 500 倍。食品中加万分之一的糖精就能尝到甜味。但是，糖精并不像糖那样被人体吸收，而且吃了之后很快被排泄出去，对身体没有益处，特别是它在生产过程中有些杂质不能提纯，如重金属、氨化合物、砷等。这些杂质食用后，对胃、肾、膀胱的粘膜有一定的刺激作用，长期食用，容易引起慢性中毒，出现恶心、呕吐、腹胀、尿少等症状。

羊奶比牛奶营养高

据测定：每 100 毫升羊奶中，蛋白质含量达 3.8 克，而牛奶则含 3.5 克，多出的部分都是乳白蛋白，在人胃中能形成细嫩的乳块，因此容易消化。牛奶中所含的蛋白质，大多数是不易消化的酪蛋白。羊奶中所含的脂肪也高于牛奶，每 100 毫升羊奶含脂肪 4.1 克，牛奶则含 3.5 克，而且羊奶的脂肪球又比牛奶的脂肪球小，接近于人乳的脂肪球，食后在肠里也容易被吸收，羊奶中所含的钙、磷等无机盐均高于牛奶，利于儿童骨骼的生长发育。所以羊奶的营养价值要比牛奶高。

茶叶不能久放

茶叶放的时间长了，茶叶里的芳香物质会逐渐挥发，叶绿素和鞣质被氧化，所以陈茶叶泡水，喝起来香味降低，茶水灰暗无味。

茶叶为何会串味

茶叶中含有极易吸收其他气味的桐酸和萜类化合物，而且，叶子多孔，具有强烈吸收异味的特性，因此，茶叶容易串味。

茶叶串味后，不但会失去香味，而且营养价值也低了。因此，茶叶应放在陶瓷罐或是专用的茶叶盒里。

红茶水凉后咋浑了

红茶是采用茶多酚含量较多的大叶种加工制成的，它含有茶红素、茶黄素等多酚类化合物以及咖啡碱、可可碱等苦味物质。其中咖啡碱能与茶多酚类化合，特别是与茶红素、茶黄素形成络合物。这种络合物不溶于冷水，却能溶于热水，所以，红茶经热水冲泡后，这些络合物就溶于茶水中，呈现出红、浓、亮的色泽。当茶水冷却后，这些络合物又会凝聚，于是茶水也就变得浑浊了。

存放多天的凉开水不能喝

凉开水存放时间长了，会被细菌污染。另外，水中还产生有一种亚硝酸，是致癌物质，对人体的危害很大。所以，凉开水存放时间长了不能喝。

花色饮料不能多喝

因为橘子汁等等花色饮料里都含有糖精、香精、防腐剂等，有的还有激素等化学制品。这些化学制品不利于少年儿童的生长发育。因为少年儿童的肝脏尚未成熟，解毒能力较弱，过多饮用带化学制品的花色饮料，是有害健康的，所以，不能多喝。

水果要削了皮吃

水果皮，不论是桃、梨、杏的，还是苹果的，由于太阳的照射、光合作用，都含有丰富的维生素，它们有强身健体的作用。但现在，由于科学的发展，果农为了消灭水果上的病虫害，增加产量，在水果生长期间，总要多次喷洒有毒的农药。水果成熟采摘后，果皮中仍残留着一些农药毒素，而这些残留的毒物用水很难洗掉。据化验分析，苹果的果皮中，残留的毒物比果肉中残留的毒物要多 2～10 倍！所以，吃水果，一定要把皮削掉。

十二、其他事物

电子计算机为何叫电脑

电子计算机好比人的大脑，聚集着成千上万个"脑细胞"，也就是半导体元器件。它们能贮存信息，进行一定的逻辑推理。计算机不仅能进行数学计算，还可以搞管理，搞控制，代替人做大量的工作。由于电子计算机模拟人脑的功能，因此人们又称它为电脑。

电子计算机算得特别快

因为电子计算机的运算器、控制器都是利用电的高速传递特性来进行计算的。电的速度很快，每秒钟为 30 万千米。如果我们把双稳态电路变化一个状态，所需时间只有几百分之一秒，甚至几亿分之一秒。而当前电子计算机所用的元件早已达到了这一速度，甚至更快。另外，电子计算运算非常简单，不论多么复杂的问题，只要事先设计好计算程序，把它输入计算机里，它就能进行运算，而且所有计算过程全是自动化的。所以电子计算机的计算速度特别快。

航天飞机为什么能在宇宙中飞行

人们已经知道，地球对地面上的物体都具有向着地心的引力。因此，人类要冲出地球，就要克服引力。而当物体飞行速度在每秒 7.9 千米时，地心引力和物体的离心力正好达到了这种力的平衡，就能保持动而不落的状态。由于太空几乎没有空气阻力，所以它不再加任何推力，依靠惯性不停地绕地球飞行。

宇航员太空"行走"

这是因为当宇宙飞船进入太空后，飞船上的一切物体和人都处在失重状态，而当宇航员离开飞船后，由于惯性的作用，他能和飞机一起朝着同一个方向飞行。这样，宇航员也就能在太空中"行走"了。

雷达为何能侦察飞机

雷达侦察飞机是用无线电波。它通过天线聚集成一条很细的波束，向一定方向射出去。雷达天线是可以转动的，波束随着天线的转动，在空中扫来扫去，一旦发现目标，天线电波就被反射回来，雷达一接收到反射回来的电波，就立刻将这时的天线方向记录下来或者使天线停住，始终指向目标。这样，根据天线的方向，就可以知道飞机的方向，再根据天线的仰角，立即可以求出飞机的高度和水平距离了。

雷达能识别敌我飞机

当雷达发现空中的飞机时，操纵手就迅速将询问机天线对准目标，并打开"询问"开关，迅速向飞机发出一串串询问信号。在我方飞机上装有空中答应机，这种答应机在询问信号的作用下，会自动发出一串串密码无线电波（回答询问），如果没有回答信号或回答信号的密码不对，就证明是敌机了。

气象雷达测雷雨

气象雷达和军用雷达一样，能从无线电天线发射出强大的电磁波。电磁波遇到雷雨、暴雨和台风时，就能反射回来，在特制的荧光屏上显示出来。如是雷雨，荧光屏上能看到一块块边缘不规则的亮斑或亮条，如果雨下得很大，亮斑或亮条也就很亮。荧光屏上划有一些线条，指示出雷雨离雷达的远近。经过计算，可以知道再过多少时间雷雨将要到来。

坦克车为何要安装履带

坦克车都是钢铁制成的，非常重，它行车的地方又都是山地野外的泥土地。如果用车轮支撑，车轮和地面接触面很小，就会陷到泥土里，不能行动。履带的面积宽，和地面接触面很大，坦克也就不会陷下去了。

潜水艇沉浮之谜

在潜水艇里设计有好几个盛水的大铁水箱，潜水艇要下沉时，就用空气压缩机，把铁箱里的空气抽掉，打开阀门，让海水灌进箱里。铁箱里灌满了水，潜水艇的重量增加了，也就能潜到水底了。潜水艇要到水面上的时候，再把空气灌进铁箱里，把海水从铁箱里挤出去。这时，潜水艇就变轻，浮到水面上来了。

吊车上的大箱子

起重机吊的东西是很重的，如果支架的另一头很轻，起重机就会翻倒，为了让起重机吊东西时不会翻倒，就必须使起重机前后的重量平衡。因此，就在铁臂的另一头按上一个大铁箱，里面装有足够的使起重机不致翻倒的大铁块。这样，起重机在吊东西时，就不会有危险了。

高楼外墙为何全用玻璃

用玻璃当外墙，能使室内有充足的阳光，亮堂。特别是冬天，可以大大节约能源，可增加房内温度，也使城市的容貌更加美观。而更重要的，也是大家还没有说到的，凡是这样的建筑，整个大楼都是用金属框架支撑的，大楼的外墙不再起承重的作用，因此用玻璃作外墙，不仅轻，造价低，而且更有利于使大楼进一步向高空发展。

墙壁上要有垂直缝

墙壁上的这些缝，叫沉降缝，是建筑师们专门设计的。大家知道，一般物体都具有热胀冷缩的性质。在房屋建筑中，为了防止热胀冷缩引起变形，造成房屋的破坏，建筑设计师们通过精确的计算，在一定的位置，设计了一条缝。

另外，如果各个部位高度不同，高的部分重量大，对地基的压力也就大，低的部分重量轻些，对地基的压力也就要小些。这种压力的不均，会造成地基下沉的不相等，而使房屋发生变形，甚至被破坏。为了防止这种现象的发生，所以，在房屋高度突然有较大的变化的位置，也留有一条直缝。

旋转餐厅

其实，旋转餐厅并不是整个餐厅都会转，能旋转的只有中央的大圆柱和四周墙面之间的圆环部分。在圆环部分地面下，均匀地安装有几十个滚球轴承，使可转动的圆球部分均衡地支持在建筑物顶层楼板的环形轨道上，在圆环部分和中央大圆柱之间，相对应的地方装有两个由马达驱动的转动装置，在马达的驱动下，圆环部分就转动了。它的转动很慢，最快的是每小时一圈，最慢的是两小时一圈。

烟囱为什么是圆的

因为圆的容器容量比方的、三角形的要大，同时，制作时省料。烟囱也是一样，把烟囱砌成圆形，面积大，排烟畅通，除垢也方便，同时，可以节省建筑材料，所以，一般烟囱都砌成圆的。

暖气包要安装在窗口下

空气是热胀冷缩的。冬天，房间里的温度比室外高，室外的空气由于冷缩就变得比室内稠密。这样就产生了压力差，密度大的要往稀疏的地方跑。这也就是说，室外的冷空气就会向房间里钻，暖气包安装在窗口下，可以顶住室外的冷空气往屋里钻，同时，能使室外钻进来的冷空气遇到暖气包发出的热气变暖，所以暖气包都安装在窗口下。

石灰浆刷墙干后才白

这是因为石灰浆是氢氧化钙的水溶液，具有一定的透光性，所以刚刷墙时，盖不住墙上的污迹。在石灰浆的干燥过程中，它吸收了空气中的二氧化碳，就变成白色固体的碳酸钙，就像盖上一层不透光的薄膜，遮盖了墙上的污迹，而且还能将光线反射回来，墙就变得洁白了。

湿煤为何更好烧

这是因为在水的分子里，有一个氧原子和两个氢原子。水一遇上炽热的煤，氧立即被煤（碳）夺去，生成一氧化碳与氢。它们都是能燃烧的气体，所以湿煤也就好烧了。

但是，如果煤太湿了，会影响煤和氧的化合作用，煤也就不好烧了。

炉火越吹越旺

因为煤和木材等在炉子中燃烧时，表面不断放出二氧化碳。二氧化碳不能燃烧，而且比空气重，所以，总是贴着燃料表面，把空气与燃料隔离开来。燃料得不到氧，炉里的火也就烧不旺了。

用吹火筒吹火（或用扇子扇），就是把附在燃料表面的二氧化碳赶跑，使燃料充分与空气接触，这样，炉火也就旺起来了。

干磨刀为何不好

原来，家用刀具，如菜刀的刀口，一般都是用碳素钢经淬火制成的。淬硬的碳素钢怕高温。一般超过其临界温度（723℃）时，晶体组织就会渐渐回复到淬火前的状态，就是温度在480℃时，其硬度也会大大降低。所以家用刀具不能在砂石上干磨，更不能在电动砂轮上磨削。因为用电动砂轮磨削刀口，由于加工部位的温度往往高达700~800℃。这样，就会使刀口失去硬度，很快就会卷刃变钝。

挑担绳子长为何轻松

因为挑担走路时，人体总要向前倾斜。绳子越短，担子的重心就越高，人体向前倾斜就越大，不但不平稳，而且沉重，相反，绳子越长，担子的重心就越低，人体向前倾斜就越小，挑起担来，就能平稳轻快。所以，要使挑担走路平稳轻快，就应该适当加长担子的绳子。

钟声夜晚比白天响

这有两个原因：

1. 白天声音嘈杂，干扰较大，离钟远的地方就听不清楚。夜深人静时，钟声就听得清楚。

2. 声音有向外传播的特性，在向外传播时，总是沿着气温低的地方走。白天，太阳把地面晒热了，接近地面的气温比高空的气温高，时钟发出的声音便向高空跑，站在地面的人就听不清楚；夜晚，接近地面的气温比高空的气温低，钟声就顺着地面向四面八方传播，因此，听起来比较清楚。

五颜六色的霓虹灯

在制造霓虹灯时，灯管里充入了惰性气体。惰性气体的种类很多，如氦、氖、氩、氪、氙等等。灯管里充入不同的惰性气体，就会呈现出不同的颜色。如充入氩气能发出蓝紫色、氦气能发出粉红色、氖气能发红色、氖气加荧光粉能发出白色的光……因此，霓虹灯也就有五颜六色了。

空中飞人为什么不会掉下来

原来人的牙齿有非常大的力气。

据科学家测定：一般牙齿的咀嚼力是 15 千克左右，而人在咀嚼食物时，颌肌竟会将磨牙的作用力突然增出 72 千克左右。所以，空中飞人能用牙齿紧紧咬住绳子在空中旋转。

淋浴器为什么能将冷热水混合

家用温水淋浴器是根据液体在管道中流动时会产生空吸作用的原理设计的。它的主要部件是混合阀，当高速流动的液体流过混合阀时，由于管径突然缩小，液体流速增大，对管壁压力突然降低，在混合阀的支管处便形成一个负压，这个负压就能将支管中的液体吸入。所以，在使用时，只要将混合阀一端接在自来水龙头上，热水管插进热水壶内，打开水龙头，热水就会被吸入与冷水混合成温水。

下水管道上的弯头

这个弯头的作用很大。第一，有了这个弯头，里面积存的水可以把洗脸池和下水管隔开，使它们互不通气，防止下水道中的污秽气体透出来；第二，物体有热胀冷缩的特性，有了这个弯头，它可以防止夏天热胀，冬天冷缩而引起管道长度的变化发生破损裂口。

煤气会使人中毒死亡

煤在炉子里燃烧后，会产生一氧化碳。一氧化碳是一种无色无味的有毒气体。当人们吸入体内以后，它就与血液中的血红蛋白结合，变成碳氧血红蛋白，使血液失去输送氧气的作用，于是，人也就中毒死亡了。所以，冬天生炉子取暖时，要注意保持空气流通，不能把门窗关得太严。

在竹帘外看不到室内的东西

这是光线的反射作用。当我们从竹帘内向外看时，由于竹帘外很亮，各种物体反射出来的光线很强，所以我们能看得清楚。相反，我们从竹帘外向里看时，竹帘内的光线一般都比较暗，竹帘内的东西反射出来的光线也较弱，而竹帘反射出来的光线，比从帘子缝隙里射出来的光线强得多。所以，我们也就看不到帘子里的东西了。

窗闭了为何还有风

这是由于空气的受热或冷却引起的。空气受热，比较稀而轻；受冷呢，则会变得密而重，室内的暖空气，会把冷空气挤压向上升，升到天棚上，而靠近窗子和墙壁的比较重的冷空气，就要下沉到地板上。

所以，冬天门窗虽然关闭很紧，外面的寒气很少透进来，而我们却仍旧感觉有风在吹着，特别在脚下更显著。

玻璃黑板为何很少反光

光线的反射，只有在被阳光照射物体表面是光滑的才会出现。玻璃黑板是用磨砂玻璃制成的，上面有许多又细又密的凸凸凹凹，再加上玻璃的背面衬有黑纸或黑色油毛毡。因此玻璃黑板表面始终是凸凹不平的，它对阳光、灯光只会发生漫反射（物体不直接反射阳光）。因此，也就不会出现"反光"现象了。

泡沫灭火器灭火的原理

泡沫灭火器里装的是二氧化碳液体。二氧化碳不能自燃，也不能助燃，而且比空气重，它和泡沫一起压在燃烧的物体上，要吸收大量的热，燃烧物温度急剧下降，于是，火就很快被扑灭了。